Peter-Claus Burens

Stifter als Anstifter

Peter-Claus Burens

Stifter als Anstifter

Vom Nutzen privater Initiativen

EDITION INTERFROM

CIP-Kurztitelaufnahme der Deutschen Bibliothek

Burens, Peter-Claus:
Stifter als Anstifter: Vom Nutzen privater
Initiativen / Peter-Claus Burens.
Zürich: Edition Interfrom; Osnabrück: Fromm, 1987.
(Texte + [und] Thesen; Bd. 200)
ISBN 3-7201-5200-6

Vertrieb für die Bundesrepublik Deutschland:
VERLAG A. FROMM, Osnabrück
Gestaltung: Zembsch' Werkstatt, München
Gesamtherstellung: Druck- und Verlagshaus Fromm, Osnabrück

Inhalt

Einleitung

Was über Jahrhunderte für viele in Deutschland und Europa selbstverständlich war, scheint heute ein seltenes Gut geworden: der Gemeinsinn der Bürger, die persönliche Verantwortung des Einzelnen für das Wohl und Wehe der Mitmenschen, die Sozialbindung des Eigentums. Obwohl sich das Grundgesetz der Bundesrepublik Deutschland zu diesen Werten bekennt und an sie erinnert, ist es im „Wirtschaftswunderland" mit weit umspannendem sozialen Netz und staatlicher „Subventionskultur" immer schwieriger geworden, sich über das Steuerzahlen hinaus für das Gemeinwesen zu engagieren.
Der öffentliche Bereich — eingebettet zwischen dem staatlichen und privaten Lebensraum — verkümmerte seit dem 16. Jahrhundert, verstärkt noch im Industriezeitalter, zu einem von staatlichen Bürokratien organisierten, sterilen, anonymen System von privaten Rechtsansprüchen und staatlichen Leistungen. Die Bismarcksche Sozialgesetzgebung und ihre spätere Vervollkommnung, der Staat als Förderer von Kunst und Wissenschaft, seine quasi Monopolstellung im Schul- und Bildungswesen haben — bei aller unleugbaren historischen Notwendigkeit und vorteilhaften Wirkung für die Bürger — die Privatinitiative immer mehr zugunsten des staatlichen Handelns verdrängt. Der Nationalsozialismus tat ein übriges, die öffentliche Sphäre zu „verstaatlichen". Auch wenn die Bereitschaft der Bürger zu materiellem wie immateriellem Engagement für die Allgemeinheit stets vorhanden war, so bot sich ihnen immer seltener die Möglichkeit, dieses Wollen in

die Tat umzusetzen. Das expansive staatliche Handeln im öffentlichen Bereich engte den Freiraum für private Initiativen immer weiter ein.
Heute, angesichts einer zu beobachtenden gesellschaftlichen Orientierungskrise, zunehmender Staatsverdrossenheit und leerer Staatskassen einerseits, wachsendem privatem Wohlstand und neuer sozialer Herausforderungen im Bereich von Natur bzw. Umwelt andererseits, erhält der Bürger wieder die Chance, die lange Zeit scheinbar geltende Gleichung *öffentliches Handeln gleich staatliches Handeln* durch eigenes Tun zu widerlegen. Viele private Initiativen zeigen, daß der Bürger zu persönlichem Engagement und freiwilligem Opfer für das Gemeinwohl bereit ist, wenn er die Überzeugung gewonnen hat, besser und schneller als der Staat neue gesellschaftliche Aufgaben zu erkennen und zu ihrer Lösung beizutragen. Er erinnert sich traditioneller Bürgertugenden, stellt sich selbst wieder bewußt den Problemen der Zeit, beschränkt sein Handeln nicht auf den Ruf nach „mehr Staat" und sichert so eigene Freiheitsräume ebenso wie er die Pluralität unserer Gesellschaftsordnung fördert. Die große Zahl von Bürgerinitiativen auf unterschiedlichen Gebieten ist ein Zeichen dafür.
Stiftungen sind solche Bürgerinitiativen, die ideelles wie materielles Engagement für die Gemeinschaft miteinander verbinden. Das in den letzten Jahren gewachsene Interesse an der Errichtung von privaten Stiftungen will der vorliegende Band verstärkt fördern.
Die Brockhaus Enzyklopädie von 1973 bezeichnet als Stiftung „die Widmung einer Vermögensmasse für einen bestimmten Zweck durch den Willensakt eines

Stifters". Das Staatslexikon der Görres-Gesellschaft definierte 1962 „die Bereitstellung von Vermögenswerten zur Verfolgung eines dauernden Zwecks" als Stiftung. Die Arbeitsgemeinschaft Deutscher Stiftungen schließlich nennt folgende Merkmale, die nach ihrer Auffassung eine Stiftung begründen:

- □ *Stifterwille*, bestimmt das Wesen der Stiftung;
- □ *Stiftungszweck*, gemein- oder privatnützig;
- □ *Dauerhaftigkeit*, d. h. der Stiftungszweck darf sich nicht schon nach kurzer Zeit erledigen;
- □ *Vermögensausstattung*, durch Vermögensentäußerung auf seiten des Stifters;
- □ *Organisation*, die mit Hilfe des Stiftungsvermögens den Stiftungszweck auf Dauer verfolgt;
- □ *Genehmigung*, Anerkennung einer rechtsfähigen Stiftung als juristische Person durch den Staat (ein Erfordernis, das bei einer nichtrechtsfähigen Stiftung entfällt).

Dem „Stiften" von Parkbänken und Ausstellungsgegenständen für Museen fehlt zweifelsfrei eine Anzahl der genannten Merkmale, um diesen Begriff rechtfertigen zu können. Auch viele öffentlich-rechtliche, aufgrund eines Gesetzes errichtete Stiftungen, wie die Stiftung Preußischer Kulturbesitz oder die Stiftung Warentest, haben wie die privatrechtlichen Gründungen, die Stiftung Deutsche Sporthilfe, die Umweltstiftung WWF oder die parteinahe Friedrich-Naumann-Stiftung, zumindest ein Defizit: ihnen fehlt zur Zweckerfüllung ein ausreichendes Stiftungsvermögen mit entsprechenden Erträgen; zur Wahrnehmung ihrer Aufgaben sind sie daher überwiegend auf laufende Zuschüsse der öffentlichen Hand oder privater Spender angewiesen; eine Eigenfinanzierung oder zumindest weitgehende Eigenfinanzierung der Stiftungszwecke findet folglich nicht statt.

Durch die Ausweitung und damit Veränderung bzw. Mehrdeutigkeit der Begriffe „Stiftung“, „Stifter“ oder „stiften“ ist es üblich geworden, eine Vielzahl von gesellschaftlich unterschiedlichen Aktivitäten und Aktionsformen mit dem guten Klang des gesetzlich ungeschützten Namens „Stiftung“ zu versehen. Immer, wenn etwas Neues versucht, ein Anfang gemacht oder eine Initiative ergriffen werden soll, bedient man sich gern dieses wohlklingenden Wortes „Stiftung“.

Stiftungen in der eigentlichen Bedeutung des Wortes gibt es heute in der Bundesrepublik Deutschland über zehntausend. Erhebungen des Stifterverbandes für die Deutsche Wissenschaft in den Jahren 1980/81 ergaben die Zahl von 4035 Stiftungen des privaten Rechts (davon 494 Familienstiftungen) und 616 Stiftungen des öffentlichen Rechts. Eine mindestens ebenso große Zahl von nichtrechtsfähigen, d. h. fiduziarischen und nicht mit eigener Rechtspersönlichkeit ausgestatteten Stiftungen wird als zweckgebundenes Sondervermögen von Kommunen, Kirchen, Universitäten oder dem Stifterverband als Treuhänder verwaltet. Diese Vielzahl an Stiftungen darf jedoch nicht den Blick für die finanzielle Dominanz einiger weniger Einrichtungen verstellen. So repräsentieren zwölf Großstiftungen allein rund dreiviertel des Gesamtvermögens aller deutschen Stiftungen.

Wen wundert es da, wenn Stiften immer noch als ein „Privileg von Millionären“ gilt? Dabei kann man schon in frühen Lebensjahren mit relativ kleinem Ver-

mögen Stifter werden und helfen, Großes in Gang zu setzen. Die Zahl der Stifter wächst, die ihre Stiftung zunächst mit einem „Startkapital“ ausstatten. Sie lassen es dann mit Jahresbeiträgen, die wirtschaftlich vertretbar und steuerlich möglich sind, über Jahrzehnte wachsen. Ihre endgültige Dotation erhalten Stiftungen von Privatpersonen häufig erst mit dem Ableben des Stifters, sei es in der Form testamentarischer Verfügungen oder auch durch sogenannte Kranzspenden.
Stiftungsfonds, die vor allem von Wirtschaftsunternehmen und Institutionen errichtet werden, unterscheiden sich von Stiftungen im ursprünglichen Sinn dadurch, daß von Anfang an bewußt auf ein festumrissenes Stiftungsvermögen verzichtet wird.
Die Endausstattung des Stiftungsvermögens sollte bei einer Förderstiftung mit Kapitalausstattung heute mindestens 100 000 DM betragen, um mit dem jährlichen Ertrag an Zinsen und Dividenden gemeinnützige Projekte von Dritten sinnvoll unterstützen zu können. Dient das Stiftungsvermögen der Errichtung und dem Betrieb eines Krankenhauses, Altersheims, Kindergartens, Muscums, wissenschaftlichen Instituts oder einer Schule, so handelt es sich um eine Anstaltsstiftung, die zur erfolgreichen Arbeit zweifelsfrei erheblich höhere Vermögenswerte voraussetzt.
Etwa ein Viertel aller privatrechtlichen Stiftungen in der Bundesrepublik Deutschland sind heute Anstaltsstiftungen. Zehn Prozent sind betriebliche oder branchenbezogene Unterstützungskassen. Die übrigen sind Kapitalstiftungen, die mit ihrem zur Zeit auf gut 20 Milliarden DM geschätzten „Marktwert“ etwa 600 Millionen DM an Einnahmen pro Jahr erzielen. Das gesamte

Fördervolumen liegt allerdings weit darüber, weil — wie bekannt — manche Stiftungen mit zusätzlichen Spenden und staatlichen Zuschüssen arbeiten.
Und auch dies sollte vorab ausgesprochen werden: Bei der Errichtung einer gemeinnützigen Stiftung fallen weder Erbschaft- noch Schenkungsteuern an. Darüber hinaus ist ihre Erstausstattung mit Vermögen, wie alle eventuell später erfolgenden Zustiftungen (Aufstockungen), bei der Berechnung der Einkommen- bzw. Körperschaftsteuer des Stifters im Jahr der Hergabe berücksichtigungsfähig. Die Grenzen der Abzugsfähigkeit betragen zur Zeit fünf Prozent des gesamten Betrages der Einkünfte des Stifters bei gemeinnützigen Zwecken allgemein und zusätzlich fünf Prozent bei wissenschaftlichen oder kulturellen Anliegen. Alternativ besteht zum Beispiel für Unternehmen auch die Möglichkeit, einen jährlichen Betrag bis zur Höhe von zwei Promille vom Umsatz einschließlich Löhne und Gehälter steuerlich in Anrechnung zu bringen. Zuwendungen für wissenschaftliche Zwecke mindern außerdem den Meßbetrag bei der Gewerbesteuer. Nachdem eine Stiftung errichtet und als gemeinnützig anerkannt worden ist, bestehen Befreiungen für die Körperschaftsteuer, Vermögensteuer, Erbschaftsteuer und zum Teil auch für die Grundsteuer.
In diesem Band werden einige private Stiftungen und Stiftungsfonds exemplarisch vorgestellt, die über das *eigene* Wohl, das der Familie oder des Unternehmens hinaus dem *gemeinen* Wohl dienen und dafür vor allem die Erträge des Stiftungsvermögens einsetzen, also auf Zuwendungen von dritter Seite ganz bzw. nahezu ganz verzichten. Ein Rückblick auf die historische

Entwicklung des Stiftungswesens in Deutschland schärft dabei den Blick für die heutige Aufgabenstellung und die Rahmenbedingungen der privaten Stiftungen.
Eine wesentliche, für das Selbstverständnis zentrale und deshalb gesondert zu behandelnde Frage ist das Verhältnis der privaten Stiftungen zum Staat. Ein Vergleich mit dem Stiftungswesen in den USA trägt dazu bei, künftige Chancen und Möglichkeiten der Philanthropie in der Bundesrepublik Deutschland zu erörtern. Welche gemeinnützigen Zwecke private Stiftungen verfolgen können und wo ihr Engagement besonders wertvoll ist, gilt es im Anschluß hieran zu klären. Abschließend soll nach den emotionalen und rationalen Motiven der Stifter gefragt werden. Auf diese Weise entsteht ein differenziertes Bild der privaten gemeinnützigen Stiftungslandschaft in unserem Land — als Information und Anregung zugleich.

Maecenas war nicht der erste ...

Kaum einer, der ihm nicht während seiner Schulzeit begegnet ist: Gaius C. Maecenas (um 69 v. Chr. bis 8 v. Chr.), römischer Ritter aus altetruskischem Geschlecht, der als Vertrauter und politischer Berater des Kaisers Augustus diesem eng zur Seite stand. Nach ihm werden frühere und spätere Förderer des Gemeinwohls benannt, die mit privaten Mitteln Gutes tun. Maecenas selbst war Mittelpunkt eines literarischen Kreises, in dem Nachwuchstalente, so auch Dichter wie Horaz und Vergil, gefördert wurden. Sein Name ist für immer verbunden mit Vergils „Georgica", mit den drei ersten Büchern der „Oden" des Horaz und dem ersten Buch von dessen „Episteln". Der erste Mäzen war er aber keinesfalls.

Kultstiftungen in der Antike

Die ersten Mäzene in der abendländischen Geschichte finden sich bei den Griechen im 5. und 4. Jahrhundert v. Chr. Viele wohlhabende Bürger weihten damals den heidnischen Göttern Ländereien. Die Erträge dieses Nutzgutes waren für Opfergaben bestimmt, um sich des Wohlwollens der Götter zu Lebzeiten und des irdischen Gedenkens nach dem Tod zu versichern. Da hiermit kultische Zwecke unter Wahrung der Vermögenssubstanz dauerhaft verfolgt wurden, können wir von Mäzenen besonderer Art sprechen: den Stiftern.
Nikias, der älteste uns bekannte griechische Stifter, ließ seinen Entschluß zur Errichtung einer Stiftung und den

Stiftungszweck auf einer Stele in Delos einmeißeln, um durch Publizität dem Stifterwillen Dritten gegenüber Verbindlichkeit zu geben. Jeder, der fortan das den Göttern geweihte Grundstück nutzte, machte damit die Entscheidung des Stifters über dessen Zweckbestimmung zu seiner eigenen, und die Furcht vor der Rache der Götter bestärkte ihn hierin.

Aber schon bald schwand diese Furcht, und Sicherungen ganz anderer Art waren nötig, um Nutzgut und Stiftungszweck zu erhalten. Schon die Stifter des 3. Jahrhunderts v. Chr. verließen sich nicht mehr allein auf die Gottesfurcht der Mitbürger und nachfolgender Generationen. Das Stiftungsvermögen, das immer mehr aus Geldbeträgen bestand, wurde vielmehr einem Treuhänder anvertraut, der durch eine eidliche und öffentliche Selbstbindung an den Stiftungszweck die Garantie dafür übernahm, daß die Erträge „ewig" dem vom Stifter bestimmten Anliegen gewidmet blieben.

Das Prinzip der Selbstbindung oder Selbstgesetzgebung von zwei oder mehreren Parteien war für die Griechen Grundlage von Vertrag und Gesetz. Der griechische Vertrag steht somit in Parallelität zum germanischen, der es den Parteien erlaubte, selbst „willkürlich" Recht zu setzen. Erst zur Zeit des römischen Weltreiches bedurfte der durch Addition der Selbstbindungen entstehende Konsens einer obrigkeitlichen Genehmigung. Hieraus entwickelte sich schließlich die Stiftung, wie wir sie heute kennen, als Privatdisposition auf gesetzlicher Grundlage.

In der Nachfolge von Maecenas förderten vor allem die römischen Kaiser Kunst und Wissenschaft, Architektur und Literatur. Waren es bis zum Zeitalter des Augustus vorrangig wohlhabende Bürger gewesen, die sich in der griechischen Polis oder zur Zeit der römischen Republik dem Gemeinwohl verpflichtet fühlten, so sehen es seit dieser Zeit die politisch Mächtigen als ihre Aufgabe an, entscheidenden Einfluß hierauf zu nehmen. Gerade sie wollen ihren Namen und ihre Taten verewigt wissen.

Christentum und Nächstenliebe

Die frühchristliche Stiftung erwuchs aus dem Geist, den die römische Kaiserzeit mit ihrem Zug ins Transzendente geboren hatte. Es war ein Geist, der die unsterbliche Seele des gläubigen Menschen in den Seelgerätstiftungen „verewigte". Ging es beim antiken Totenkult primär um den Nachruhm des Stifters auf Erden, so wollten viele Christen für sich das Himmelreich mittels Meßfeiern oder aber fortwährender karitativer Werke erlangen. So entstanden in stiftungsähnlicher Gestalt oder als Sachpfründe viele mittelalterliche Spitäler zunächst bei Klöstern, später als Bruderschaften, schließlich als bürgerliche Einrichtungen. Wer kennt nicht die Heilig-Geist-Spitäler, die von Mittelitalien über die Alpen durch das ganze deutsche Sprachgebiet bis hinauf zu den Städten an der Ostsee als Symbole für die christlichen Gebote der Nächstenliebe und Barmherzigkeit errichtet wurden? Hier erhielten Arme Speisung, Kranke und Krüppel Pflege, Witwen und Waisen Versorgung, Pilger Unterkunft. Als Rechtsträger und Treuhänder der meisten Stiftungen war die christliche Kirche im Mittelalter die beherrschende Kraft, nicht nur was das Wohlfahrts-, sondern auch was das Erziehungssystem betraf. Seit dem römischen und ersten christlichen Kaiser Konstantin d. Gr. (um 280—337) hatte die Kirche für beide eine Art Monopolstellung.

Erst im späten Mittelalter, verstärkt noch seit der Reformation, trat in den freien Reichsstädten das Bürgertum mit der Errichtung von privaten, d. h. von der Kirche unabhängigen Stiftungen hervor, deren Vermögen zunehmend von Laiengremien oder den Kommunen verwaltet wurden. „Stadtluft macht frei“ verhieß nicht nur das Abschütteln der Leibeigenschaft für die Bauern und Landbewohner, sondern bot auch die Möglichkeit, durch Arbeit und Fleiß zu Wohlstand und Reichtum zu gelangen. So konnten diese „Stadtrepubliken“ unter dem Patronat des Kaisers zu Keimzellen für viele Stiftungen in Deutschland werden. Allen widrigen Zeitumständen zum Trotz bestehen sie zum Teil noch heute: die Johannishofstiftung zu Hildesheim (1160), die Evangelische Wohltätigkeitsstiftung in Regensburg (1296) oder die Westerauer Stiftung in Lübeck (1463/1477). Ungeachtet ihrer zunehmend profanen Zielsetzungen blieben sie zunächst beeinflußt von dem Wunsch nach Erlangung des ewigen Seelenheils mittels guter Taten, ein Gedanke, der für das ganze Mittelalter kennzeichnend ist.

Mit der wirtschaftlichen Prosperität der norddeutschen Hanse- und süddeutschen Handelsstädte, die sich parallel mit einem enormen Bevölkerungswachstum und gleichzeitiger Verarmung breiter Schichten vollzog, verstärkte sich das Bedürfnis und die Notwendigkeit nach Einrichtungen der Kranken-, Siechen- und Altersversorgung sowie der Armenfürsorge. Neben separaten Selbsthilfeeinrichtungen der Berufsgruppen und Zünfte entstanden manche Wohltätigkeitsstiftungen durch Handels- und Bankhäuser, teils als Kapital- oder Hauptgeldstiftung in Form eines Kontos „Unseres Heilands und seiner Armen", bei dem man Gott als Vertreter der Armen und Bedürftigen oftmals wie einen Gesellschafter am Gewinn und Verlust beteiligte, teils in Form von Anstaltsstiftungen. Eine solche bis heute bestehende Anstaltsstiftung gründeten die Fugger in Augsburg.

Jakob Fugger (1459—1525) war zu sehr Augsburger Bürger und Kaufmann, um sein Geld einzig und allein zum Erwerb wertvoller Kunstwerke im Stil der Strozzis, Medicis oder Grimaldis auszugeben. Er wollte etwas Handfestes und für seine Heimatstadt Augsburg Nützliches schaffen, ohne dabei die Interessen der eigenen Firma aus den Augen zu verlieren. Diese mußte sich am Vorabend der Reformation der öffentlichen Diskussion über „Wucher", „Zins" und „Monopolien" stellen. Die Gefahr eines Aufruhrs bei verarmten Zünftlern und „habnits" war akut. Beidem galt es nicht nur mit den Mitteln der Rhetorik, sondern auch durch Taten entgegenzuwirken. So wurde nach jahrelangen Vorarbeiten 1521 der Stiftungsbrief für die Fuggerei unterzeichnet und besiegelt. Damit wurde die erste bedeutende Sozialsiedlung der Neuzeit Wirklichkeit!

Gott zum Lobe und zum Dank für die großen wirtschaftlichen Erfolge seines Handels- und Bankhauses stiftete Jakob Fugger die Wohnsiedlung. In den zu-

nächst 52 Häusern fanden arme Bürger und Einwohner Augsburgs Wohnung und Unterkunft, die unverschuldet in Not geraten waren und nicht als Bettler, sondern als rechtschaffene Handwerker und Tagelöhner ihren Lebensunterhalt verdienten. Der Stifter vermied alles, was die Beschenkten als Almosenempfänger hätte erscheinen lassen. Keiner von ihnen sollte das Gefühl haben, einem reichen Bürger als Aushängeschild für dessen Großmut zu dienen. Deshalb verlangte Jakob Fugger von jedem Bewohner der Fuggerei die symbolische Jahresmiete von einem Rheinischen Gulden; seit 1871 beläuft sie sich auf 1,72 Mark. Bis heute bleibt die tägliche Gebetspflicht der Fuggereibewohner für das Seelenheil der verstorbenen Angehörigen der Familie Fugger — ganz im Sinne des mittelalterlichen Stiftungsgedankens — der einzige wesentliche Dank der Begünstigten.
Schon im 16. Jahrhundert, spätestens seit dem Dreißigjährigen Krieg, erwiesen sich die sozialen Probleme als zu groß, um allein durch private Initiativen wie die der Fugger, kirchlicher, bruderschaftlicher oder Bürgerspitäler gelöst zu werden. Auch polizeiliche Anordnungen der sich im absolutistischen Zeitalter ausbildenden Territorialstaaten, wozu Bettel- und Heiratsverbote für Arme zählten, waren kaum geeignet, die wachsende wirtschaftliche Not breiter Bevölkerungsschichten erfolgreich und nachhaltig zu bekämpfen. Städtische Arbeits-, Armen-, Zucht- und Waisenhäuser ergänzten die repressiven Ordnungsmaßnahmen und bewirkten eine Konzentration der Tätigkeit von privaten Wohltätigkeitsstiftungen auf Einzelschicksale.

Die privaten Stiftungen engten, aufgrund ihrer beschränkten finanziellen Leistungskraft, die Basis und damit den Kreis der von ihnen Begünstigten in der Folgezeit immer weiter ein. In Not geratenen nahen Familienangehörigen, Glaubensbrüdern, Standesgruppen oder Zunftgenossen des Stifters galten jetzt die ganze Aufmerksamkeit und Solidarität. Über diese soziale Statussicherung von Einzelpersonen aus bürgerlichen Schichten hinaus konnte eine private Verantwortung für das Gemeinwesen insgesamt nicht mehr übernommen werden. Die privaten Stiftungen sahen sich allenfalls in der Lage, allgemeine staatliche Fürsorgemaßnahmen zu ergänzen. Die Folge war: Der Staat bemächtigte sich mehr und mehr der öffentlichen Sphäre und verdrängte so die Privatinitiative, ein Zustand, der sich bis heute weiter verfestigt hat.

Zur Zeit der Aufklärung wichen dann die ganz oder zum Teil religiösen Motive, wie sie bis dahin üblich waren, anderen Überlegungen. Diesseitige Interessen des Stifters — im Gegensatz zum Fortleben nach dem Tod — bestimmten immer mehr sein Handeln und machten ihn zum Philanthropen. Diese hatten sich das Ziel gesetzt, unabhängig von jeder Glaubensüberzeugung, den Mitmenschen in ihren Sorgen und Nöten beizustehen. Der Frankfurter Arzt Johann Christian Senckenberg (1707—1772) gehörte zu ihnen. Er stiftete „als Dank für alle Wohltaten, die ich genossen habe“ seiner Stadt ein Krankenhaus „für die Versorgung bedürftiger Bürger und Beisassen“ und, wie Goethe in „Dichtung und Wahrheit“ berichtet, einen „botanischen Garten, ein anatomisches Theater, ein chemisches Laboratorium, eine ansehnliche Bibliothek". Mit 100 000 Gulden, nach heutigem Wert etwa drei Millionen DM, schuf er einen der Grundsteine für die 1914 gegründete Frankfurter Universität, die wie viele deutsche Hochschulen eine „gestiftete" ist.

Neue Herausforderungen im Industriezeitalter

Das 19. Jahrhundert stand zunächst ganz im Zeichen der Säkularisation und der damit einhergehenden weiteren Ausweitung der Staatsaufgaben sowie Zurückdrängung von kirchlicher und privater Verantwortung für das Gemeinwohl. Wo bisher Stiftungen und Fonds Hauptelemente des Finanzierungssystems von Hochschulen, Krankenanstalten und Schulen bildeten, traten bald mehr und mehr Steuergelder an ihre Stelle. Mancher weltliche Landesherr verleibte seinem Krongut im Anschluß an den Reichsdeputationshauptschluß von 1803 den Besitz der ehemaligen Klöster und Kirchen ein. Nur wenige, wie der hannoveranische Prinzregent und spätere englische König Georg IV., stimmten ciner besonderen Verwaltung zu, wie sie in der 1818 gebildeten Klosterkammer und dem von ihr betreuten allgemeinen Hannoverschen Klosterfonds bis heute fortbesteht.
Die Verweltlichung von kirchlichem Besitz in Deutschland, die mit dem Übergang der Verwaltung und Ausnutzung von privaten Stiftungsvermögen an die öffentliche Hand verbunden war, entsprach ganz und gar der herausragenden Stellung des Staates, die der Philosoph Georg W. F. Hegel (1770—1831) maßgeblich formuliert hat. Für ihn und seine Schüler galt

der Staat als „das vorhandene, wirklich sittliche Leben". Sein Monopol auf die „objektive Vernunft" sollte möglichst nicht leichtsinnig zugunsten privater, d. h. nur schwer kontrollierbarer Einflüsse aufgegeben werden. Als bestes mäzenatisches Tun galt folglich das Steuerzahlen — eine Vorstellung, die auch heute noch bei vielen fortlebt in der Ansicht: Die Obrigkeit bzw. der Wohlfahrtsstaat werden es schon richten!

Erst die auf die Gründung des Deutschen Reiches 1870/71 folgende wirtschaftliche Blüte ermöglichte — wie im späten Mittelalter — noch einmal einen regelrechten Stiftungsboom. Das ökonomisch erfolgreiche, gegenüber dem Adel politisch erstarkende und auf gesellschaftliche Anerkennung bedachte Bürgertum besann sich auf alte Tugenden, förderte die Gründung von gemeinnützigen Vereinen und rief Tausende von Stiftungen ins Leben. Mildtätige Zwecke, wie Kinder- und Waisenfürsorge, dominierten. Immer stärker wurden jetzt aber auch Wissenschaft und Kunst gefördert.

Eine spezifische Antwort auf die durch die Industrialisierung geschaffenen sozialen Probleme gaben Stiftungen von Industriellen mit dem Ziel, durch Fürsorgeleistungen die Not der Arbeiter und ihrer Familien zu lindern, diese an den eigenen Betrieb zu binden und den Arbeitsfrieden zu sichern. Die Margarethe-Krupp-Stiftung (1906) baute preiswerten und qualitativ hochwertigen Wohnraum in Essen, die Carl-Zeiss-Stiftung (1891) schuf vorbildliche Sozialeinrichtungen in Jena. Diese Privatinitiativen ergänzten die dem Staat von den Bürgern immer mehr abgeforderten und schließlich gewährten sozialen Rechtsansprüche, wie sie zum Beispiel durch die Bismarcksche Sozialgesetzgebung kodifiziert wurden.

Die beiden Weltkriege dieses Jahrhunderts, gefolgt von den zweimaligen Geldentwertungen 1923 und 1948, raubten vielen Stiftungen die Existenzgrundlage. Hinzu kam die Begehrlichkeit, mit der das totalitäre Dritte Reich auf das private Stiftungsvermögen blickte. Erst die freiheitlich-demokratische Grundordnung der Bundesrepublik Deutschland und der wachsende Wohlstand der Bevölkerung begründeten wieder die materiellen wie immateriellen Voraussetzungen, die für das Gedeihen von gemeinnützigen Stiftungen unerläßlich sind.

Heute gibt es über zehntausend Stiftungen in der Bundesrepublik Deutschland, die sowohl Traditionen wahren als auch Anstöße zum Fortschritt geben. Manche von ihnen sind Gründungen der öffentlichen Hand oder private Stiftungen, die ihre Ausgaben vom Staat ganz oder teilweise erstattet bekommen. Trotz dieses Vordringens in immer weitere Bereiche des Stiftungswesens durch den sozialen Leistungs- und Wohlfahrtsstaat bleibt für private Stiftungen auch künftig ein weites, wenngleich sich änderndes Tätigkeitsfeld. Es bedarf keiner allzu großen prophetischen Gabe, um zu behaupten: Mildtätige Stiftungszwecke werden zugunsten neuer gesellschaftlicher Herausforderungen im Bereich von Natur und Umwelt weiter an Bedeutung verlieren.

Auch große industrielle Stifterpersönlichkeiten wie Toepfer, Körber, Sprengel, Ludwig, Reemtsma, Krupp, Henle oder Dräger, die seit dem Zweiten Weltkrieg Bedeutendes geleistet haben, wird man künftig seltener finden. Denn mit den wirtschaftlichen Strukturveränderungen, die in vielen großen Familienunternehmen zu einer Ablösung des persönlich haftenden Gesellschafters durch Aktionäre und ein von Arbeitnehmervertretern mitbestimmtes Management führen, übernehmen Kapitalgesellschaften — neben dem Staat — mehr und mehr auch die Rolle von Mäzenen. Ohne sie könnte heute ein beträchtlicher Teil der wissenschaftlichen Forschung, der Kunst, aber auch des Vereins- und Sportlebens nicht mehr aufrechterhalten werden.

Auch wenn große Kapitalgesellschaften die private Stiftungslandschaft zunehmend prägen, so sind es doch letztlich die vielen kleinen Initiativen, die Ausdruck geben von der Pluralität unserer Gesellschaftsordnung und der Vielfalt an Ideen und Meinungen. Gerade diese Stiftungen, die gewöhnlich keine Schlagzeilen machen, bezeugen die Lebendigkeit und den Bestand eines demokratischen Gemeinwesens.

Ein Beispiel für den einzelnen Bürger, der unsere Gesellschaft aktiv mitgestalten will, ist der Studienrat Henning Kaufmann (1897—1980). Er verkörperte in ausgeprägter Form den Typ des gelehrten Pädagogen. Als Lehrer an einem Gymnasium in Bad Kreuznach widmete er sich Zeit seines Lebens neben dem Beruf auch der Namenkunde. Da er glaubte, daß die deutsche Namenkunde, „von der zünftigen Forschung vernachlässigt, nicht mehr förderungswürdig ist, sondern auch, je länger je mehr, förderungsbedürftig", errichtete er im Jahre 1974 die „Henning-Kaufmann-Stiftung zur Förderung der westdeutschen Namenforschung auf sprachgeschichtlicher Grundlage". Die

Mittel dazu kamen allein aus seinen Ersparnissen und aus den Honoraren für seine Veröffentlichungen.
Mit der Errichtung der Stiftung war Henning Kaufmann die Möglichkeit gegeben, seine Auffassung von der richtigen Beschäftigung mit der Namenkunde bekanntzumachen und andere Forscher zu ermutigen, die sprachgeschichtlichen Grundlagen stärker zu beachten. Heute verleiht die mit einem Kapitalvermögen von 165 000 DM dotierte Stiftung jährlich einen Wissenschaftspreis in Höhe von 5 000 DM und führt, alle drei bis vier Jahre, ein namenkundliches Kolloquium durch.
Es bleibt zu hoffen — und manches spricht dafür —, daß angesichts wachsenden individuellen Wohlstands und privaten Vermögens in der Bundesrepublik Deutschland der Privatmann als klassischer Stifter bei uns wieder an Bedeutung gewinnt. Neue gesellschaftliche Herausforderungen bedürfen zu ihrer erfolgreichen Bewältigung der Hilfe vieler. Das Spätmittelalter und die Zeit der Industrialisierung haben gezeigt, wie sich Bürger durch die Errichtung von gemeinnützigen Stiftungen solchen Herausforderungen stellen können.

Der Staat ist nicht für alles da

Erst seit dem 16. Jahrhundert, als die wirtschaftliche und damit politische Bedeutung der freien Reichsstädte abnahm, gelang es den sich in Deutschland ausbildenden Territorialstaaten, jene umfassende Zuständigkeit für die Gestaltung der öffentlichen Anliegen zu gewinnen, die für uns heute so selbstverständlich ist. Lange Zeit hat der Staat mit dem Adel, dem Bürgertum in den Städten, vor allem aber mit der Kirche ringen müssen. Dabei ist es ihm nie ganz gelungen, die alleinige Verantwortung für alle Bereiche der Philanthropie zu übernehmen. Eine erhebliche Schrumpfung der Funktionsräume von privaten Stiftungen ist gleichwohl zu beobachten.

Die wesentlichen Probleme, denen sich die Menschen heute gegenübersehen, sind kollektive Anliegen, die — wie Bildung, Arbeitslosigkeit, Krankheit, Invalidität, Witwen- und Waisenfürsorge, Altersversorgung — in der modernen Industriegesellschaft nur gemeinschaftlich und mit einem hohen Maß an Allgemeinverbindlichkeit gelöst werden können. Mithin ist die kollektive Daseinsvorsorge ein wichtiger Staatszweck für die Bürger geworden. Dennoch darf der Staat kein Monopol in Sachen Gemeinwohlförderung für sich in Anspruch nehmen.

Nach dem Staatsverständnis unserer Verfassung hat die Erfüllung gesellschaftlicher Aufgaben durch die Privatinitiative einzelner Vorrang vor einer allumfassenden staatlichen Tätigkeit. Das Bonner Grundgesetz legt in Art. 14, Abs. 2 fest: „Eigentum verpflichtet. Sein Gebrauch soll zugleich dem Wohle der Allgemeinheit dienen." Nur wenn die Leistungskraft von Einzelpersonen, Verbänden, Institutionen und Wirtschaftsunternehmen nicht ausreicht, als verbesserungswürdig erkannte Sachverhalte zu ändern, sind die Gesellschaft insgesamt und damit der Staat als ihre politische Organisationsform aufgerufen, über den Einsatz von Steuergeldern zu entscheiden.

In einer inzwischen als Magna Charta des Stiftungswesens anerkannten Entscheidung aus dem Jahre 1972 hat das Bundesverwaltungsgericht die Anwendbarkeit der Grundrechte auf Stiftungen ausdrücklich anerkannt und die staatliche Stiftungsaufsicht auf eine reine Rechtsaufsicht beschränkt, d. h., sie hat darüber zu wachen, ob die Bestimmungen der Stiftungssatzung eingehalten und bestehende Gesetze nicht verletzt werden. Die Aufsichtsbehörde darf also nicht etwa in Fragen der zweckentsprechenden Verwendung der Erträge ihr Ermessen an die Stelle desjenigen des Stiftungsvorstandes setzen.

Die Leistungskraft der Stiftungen, die zur Zeit aus Eigenmitteln jährlich rund 600 Millionen DM für gemeinnütziges Tun zur Verfügung stellen, rechtfertigt keinesfalls manche Ängste von Politikern, Beamten und eines Teils der Medien vor dem öffentlichen Einfluß von privaten Stiftern. Können doch diese heute mit den staatlichen Leistungen für das Gemeinwohl, die Milliardenbeträge umfassen, quantitativ in keiner Weise konkurrieren. Neid und Mißgunst kann hingegen der Umstand bewirken, daß es sich bei den Mitteln der privaten Stiftungen um „freie Gelder" handelt, während die Mittel der öffentlichen Hand weitgehend für laufende Kosten eingeplant sind.

Wirklich flexibel sind beim Staat oft nur die jährlichen Zuwachsraten der Haushalte abzüglich der Kostensteigerungen bei Gehältern und Sachmitteln. Nur auf diese Weise und durch leider allzu selten erfolgende Umschichtungen können neue Projekte begonnen, Innovationen versucht, Experimente finanziert werden. Und dies kann, nach Lage der Dinge, nur in einigen wenigen Fällen geschehen. Dabei bleibt das Geflecht der Vorschriften oft undurchdringlich, wie der Publizist Rüdiger Altmann am Beispiel der Medizin verdeutlicht: „Jedes Vorhaben muß von der Bürokratie voll etatisiert werden mit Einrichtungen, Planstellen und allen Ansprüchen, die bereits normiert sind, ehe der Grundstein gelegt ist. In dem weiten Feld der Sozialpflege gelten die Grundsätze des öffentlichen Dienstes, Ärzte werden Oberräte und Medizinaldirektoren, die Verkachelung der Naßzellen ist wichtiger als bewegungsfreundliche Räume."

Wen wundert es, wenn das Verhältnis zwischen gemeinwohlorientierten privaten Stiftungen und Staat nicht immer spannungsfrei ist und sein kann? Der Staat erhofft sich einerseits von den Stiftungen eine Ergänzung und Entlastung, auf der anderen Seite sieht er sie als unerbetene Konkurrenz an. Der Hamburger Rechtswissenschaftler Ulrich Karpen diagnostiziert denn auch zu Recht: „Der Staat als der Stärkere schwankt zwischen den beiden Extremen der Kollektivierung des Stiftungswesens einerseits sowie der Gewährung verstärkter Anreize zum Stiften andererseits."

So ist zu beobachten, daß die Finanzverwaltung immer häufiger Auflagen macht, die eine Anerkennung der Gemeinnützigkeit und damit die steuerliche Privilegierung neuer Stiftungen erschweren oder gar verhindern. Einen Anreiz zum Stiften schuf hingegen das vom Bundespräsidenten am 20. Dezember 1985 unterzeichnete Gesetz, das die lange umstrittene Frage der Rücklagenbildung zur Leistungskrafterhaltung von Stiftungen im positiven Sinne regelt. Jetzt können bis zu 25 Prozent der jährlichen Erträge dem Stiftungsvermögen zugeführt werden.

Wie wichtig und notwendig gerade die Erhaltung der Leistungskraft von Stiftungen ist, zeigt ein kurioser Rechtsstreit um warme Leibchen für arme Damen, der vor kurzem in Hamburg geschlichtet wurde. In einem Vergleich hat das Landgericht der Hansestadt entschieden, daß die Hauptkirche St. Jacobi ab 1987 wieder jährlich 15 Garnituren Unterwäsche von „mittlerer Qualität" an bedürftige Frauen stiften muß.

Dem Zankapfel liegt ein Vermächtnis der 1762 gestorbenen reichen Jungfer Margarethe Eding zugrunde. Die wohlhabende Hanseatin hatte in ihrem letzten Willen verfügt, daß die Gemeinde St. Jacobi aus den Zinsen eines kleinen Vermögens von 850 Courant-Mark die damals gebräuchlichen Flügelhemden schneidern und an bedürftige Frauen verteilen sollte: „Bis auf ewige Zeiten." Ein Paar Schuhe kosteten nach Auskunft einer Hamburger Großbank damals drei Mark, 100 Kilo Hafer als Pferdefutter sieben, 100 Kilo Roggen als Grundnahrungsmittel siebeneinhalb Mark. Für das Treuhänderamt standen pro Jahr 29 Courant-Mark und zwölf Schilling zur Verfügung. Verwaltet wurde die Summe von der vor 224 Jahren gegründeten Eding-Stiftung.

Der Zinserlös wurde in den zwanziger Jahren mit 37,70 Reichsmark neu berechnet, damals offenbar noch ausreichend für 15 Unterwäschegarnituren. Nach dem Zweiten Weltkrieg wurde die Summe praktischerweise einfach in gleicher Höhe in DM angesetzt. Heute reicht sie nicht einmal für den Kauf einer Baumwollgarnitur in mittlerer Preislage aus. Die Hamburger Senatskanzlei als oberste Aufsichtsbehörde der zur Zeit 535 wohltätigen Stiftungen in der Elbestadt verlangte denn auch mangels Masse schriftlich die Auflösung der Einrichtung.
Diese jedoch legte sofort Einspruch ein und forderte mehr „Hemdchen"-Geld von St. Jacobi. Der Kirchenvorstand aber weigerte sich. Bei seiner Entscheidung orientierte sich das Gericht dann an einem „fixen Hemdenkontingent" von 15 Garnituren als einem „relativ konstanten Faktor". Schließlich habe sich wärmende Unterbekleidung in den vergangenen Jahrhunderten nur modisch verändert, nicht aber im Prinzip. Wie das Beispiel zeigt: Die Möglichkeit einer jährlichen Rücklagenbildung zur Leistungskrafterhaltung von Stiftungen schon zu früherer Zeit hätte diesen Rechtsstreit überflüssig gemacht.

Ergänzungsfunktion von Stiftungen

Viele Stiftungen nehmen heute eine Ergänzungsfunktion und damit Aufgaben wahr, für die grundsätzlich auch andere Geldgeber vorhanden wären. Oft handelt es sich hierbei um Aufgaben der öffentlichen Hand, die sie aus irgendwelchen Gründen nicht erfüllt. Sei es, daß bestimmte Förderungsfälle in einem kommunalen Haushalt nicht vorgesehen sind, aber dringend unterstützt werden müßten. Sei es, daß der Bund oder ein anderer Geldgeber aus rechtlichen, technischen oder organisatorischen Gründen keine Mittel bereitstellen kann. Hier haben Stiftungen eine legitime Hilfs- oder Feuerwehrfunktion. Ihr Trumpf sind die Flexibilität und die unbürokratische, auch kurzfristige Entscheidungsfindung.

Zudem können Stiftungen Projekte fördern, die mit einem hohen Risiko behaftet sind. Hierzu zählen solche mit Experimentalcharakter, von denen zwar langfristig ein Nutzen zu erwarten ist, aber nicht konkret vorausgesagt werden kann, ob und in welchem Umfang er eintritt. In solchen Fällen kann oder will die öffentliche Hand oftmals die Übernahme des vollen Sachrisikos nicht tragen. Auch besteht die Gefahr, daß staatlich finanzierte Experimente und Modellvorhaben bei einem zunächst negativen Verlauf allzu früh abgebrochen werden. Deshalb appelliert denn auch der Präsident der Deutschen Forschungsgemeinschaft, Hubert Markl, an alle Stifter: „Die Freude am Anstiften darf nicht zum Stiftengehen verleiten.“

Das „Stiftengehen“ ist allerdings dann zu erwägen, wenn ein Förderprojekt seinen riskanten Charakter schon in der Startphase ablegen konnte und sich seine Weiterführung als sinnvoll erweist. Bei langfristigen Vorhaben muß dann versucht werden, sie in die Finanzierung solcher Geldgeber zu überführen, die eine Daueraufgabe daraus machen können. In der Regel wird es sich bei denen, die eine Anschlußfinanzierung übernehmen können, um die öffentliche Hand, die

Kirchen oder sonstige Institutionen mit festen und großen Einnahmen bzw. Einkommen handeln.
Es gibt kaum eine private Stiftung, deren finanzielle Leistungskraft ausreicht, Projekte „unendlich" lange zu unterstützen. Aber auch wenn sie dazu in der Lage wäre, sollte sie dies nur in Ausnahmefällen tun, es sei denn, sie ist oder versteht sich als Anstaltsstiftung. Ansonsten verliert die private Stiftung das Maß an Effizienz und Flexibilität, das nötig ist, um die besondere Qualität von Stiftungsgeldern zur Geltung zu bringen.
Die Ergänzungsfunktion von Stiftungsgeldern wird nicht selten dazu mißbraucht, private Stiftungen als Lückenbüßer anzusehen. Daraus folgt: Nicht schon die Feststellung, daß bestehende Bedürfnisse nach Innovation auf den verschiedensten Gebieten nicht durch den Staat befriedigt werden, legitimiert heute die Arbeit von privaten Stiftungen hinreichend. Für den Marburger Politologen Theo Schiller laufen die „demokratischen, freiheitlichen und humanen Werte Gefahr, in der gesellschaftlich-industriellen Dynamik auf der Strecke zu bleiben". Eine, wenn nicht *die* spezifische Funktion von Stiftungen in unserer Gesellschaft sieht Schiller daher im Problematisieren der „anderen Hälfte der Modernität".

Korrektivfunktion von Stiftungen

In einer Zeit, in der im politischen und gesellschaftlichen Leben der Einfluß mächtiger Kollektive offenbar immer mehr zunimmt, während der des Individuums zurückgeht, ist die Erhaltung von Freiräumen, die sich dem Staats- und Parteieneinfluß entziehen, besonders wichtig. Hier liegen die wirkliche Aufgabe, die Verpflichtung wie aber auch die Chance von privaten Stiftungen.

Stiftungen können unabhängig von den großen Interessengruppen Modelle entwickeln, Lösungsvorschläge gerade auch dann machen, wenn ideologische Positionen sich kompromißlos gegenüberstehen und verfestigen. Sie können tun, was Regierungen nicht tun können oder wollen, was unpopulär und damit für Politiker (noch) zu riskant ist. Mit unkonventionellen Projekten sind sie imstande, neue Horizonte zu erschließen und damit die Phantasie auch und gerade der jungen Generation anzuregen. Selbst mit begrenzten Mitteln, vernünftig eingesetzt, sind sie in der Lage, staatliche Fürsorge- und Förderungsschwerpunkte mittelbis langfristig zu beeinflussen.

Sachzwänge, die immer öfter als Scheinlegitimation für Entscheidungen von Bund, Ländern und Gemeinden ins Feld geführt werden und damit in letzter Konsequenz demokratische Voten als überflüssig erscheinen lassen, kümmern Stifter wenig. Ihre Existenz ist somit ein wesentlicher Garant zur Gewährleistung gesellschaftlicher und politischer Pluralität.

Mit Sachzwängen werden in der modernen Industriegesellschaft nur allzu gern die Verluste an Liberalität, Demokratie und Humanität entschuldigt, also jener Werte, die als Zielbestimmungen unseres Staates mit in die Verfassung eingegangen sind. Das im Sozialstaat der Gegenwart aufgetretene und immer spürbarer werdende Defizit an Gemeinsinn kann gerade von privaten Stiftungen aufgefangen und abgebaut werden. Der Rechtswissenschaftler Christian Flämig hat dies einmal so formuliert: „Während der soziale Leistungsstaat den Bürger immer mehr zum Objekt sozialstaatlichen Geschehens degradiert, lassen sich in Stiftungen Bürgertugenden wie Nächstenliebe und soziale Verantwortung — Werte also, die sich staatlicherseits keiner großen Anerkennung erfreuen — verwirklichen." Allein die Tatsache, daß Stiftungen die Arbeit des Staates auf vielen Feldern immer wieder in Frage stellen und sich kontroverser Themen annehmen können, macht sie zu einem innovativen, die öffentliche Diskussion bereichernden Element, zu dessen Korrektivfunktion auch die Minderheitsorientierung gehört. Dies bedeutet: Stiftungen stehen oftmals auf der Seite derer, deren Belange von der Mehrheit entweder nicht berücksichtigt oder gar bewußt vernachlässigt werden. „Insofern sind Stiftungen", wie der Kanzler der Universität Hamburg, Hugbert Flitner, zu Recht bemerkt, „auch etwas durchaus undemokratisches". Ihre Entscheidungen sind nicht von Mehrheitsvoten staatlicher oder gesellschaftlicher Gremien abhängig. Und dennoch helfen sie der Gesellschaft, mit den Schwächen und Mängeln der repräsentativen Demokratie fertig zu werden.

Es ist sicher kein Zufall, daß totalitäre Staaten die Arbeit von Stiftungen unterdrücken oder gar verbieten. Denn in der Minderheitsorientierung, in der Vertretung der Interessen der Nichtorganisierten und Außenseiter, erweist sich vor allem, daß Stiftungen letztlich nicht, wie sie selbst gerne glauben, im neutralen Raum arbeiten, also unpolitisch sind. Wenn Stiftun-

gen Projekte fördern, die in den Bereich staatlicher oder sonst öffentlicher Zuständigkeit hineinwirken, dann erhält ihr Handeln zwangsläufig politische Bedeutung und erregt Mißtrauen.
Außer der Minderheitsorientierung ist als weitere wichtige Funktion von Stiftungen der Strukturmängelausgleich zu nennen. So können Stiftungen zum Beispiel religiöse Zwecke verfolgen, bei denen der Staat von sich aus nicht tätig werden darf. Ein anderes wichtiges Aufgabenfeld sieht Klaus Liesen, der Vorstandsvorsitzende der Ruhrgas AG und des Stifterverbandes für die Deutsche Wissenschaft, in der Verstärkung des Wettbewerbs an den Hochschulen: „In diesem Zusammenhang ist nicht zu übersehen, daß auch private Universitätsgründungen ein das Wettbewerbsbewußtsein belebendes Element darstellen. Aber auch innerhalb des bestehenden Hochschulsystems kann die Bereitschaft zur Verbesserung des Leistungsstandes durch privat finanzierte Maßnahmen wirkungsvoll aktiviert werden."
Das vom Stifterverband 1985 beschlossene Programm „Stiftungsprofessuren" will denn auch besonders qualifizierte junge Nachwuchswissenschaftler gezielt fördern und nicht eine quantitative Ergänzung oder Aufstockung der staatlichen Ausgaben für Wissenschaft und Forschung sein. „Kopfdüngung" ist die Zielsetzung, die nicht allein für wissenschaftsorientierte Stiftungen gilt, sondern auch für die Förderung von musisch, sprachlich oder sportlich Hochbegabten. Erst allmählich erkennt der Staat, neben der ihm eigenen Aufgabe der flächendeckenden Breitenförderung, die Notwendigkeit einer Elitenbildung an, von deren Exi-

stenz die Zukunft eines jeden Landes maßgeblich mitbestimmt wird.

Die deutsche Geschichte lehrt, daß private Stiftungen fast immer eine gewisse Nähe zur Kirche, zur Kommune und schließlich zum Staat hatten und ihre Aufgabe oft nur darin bestand, deren gemeinnütziges Tun zu unterstützen. Der noch vor wenigen Jahren zu hörende Ruf nach „mehr Staat", ganz in der Tradition von Georg W. F. Hegel, ist inzwischen aber weitgehend verhallt. Der im Lauf der Geschichte immer mehr verbürokratisierte Wohlfahrtsstaat offenbart seine Schwächen, sowohl was seine Leistungsfähigkeit wie auch seine Akzeptanz durch den Bürger betrifft. Es zeigt sich immer deutlicher, daß der Staat zwar eine Art Grundversorgung in fast allen Lebensbereichen sicherstellen kann — aber eben nicht mehr.

Um wirklich erfolgreich seine materiellen und immateriellen Aufgaben bewältigen zu können, ist ein demokratisches Gemeinwesen auf die aktive Mitwirkung möglichst vieler Bürger angewiesen. Nicht nur auf deren politische Partizipation bei Wahlen und auch nicht allein auf deren Zwangsabgaben in Form von Steuern und Gebühren. Das pesönliche Engagement des Individuums oder gesellschaftlicher Gruppen und der Einsatz privater finanzieller Mittel sind zur Förderung des Gemeinwohls besonders wertvoll.

Die Politiker müssen wieder lernen, neben der Ergänzungsfunktion von privaten Stiftungen auch deren Korrektivfunktion ohne Vorbehalte anzuerkennen. Sie müssen rechtliche Rahmenbedingungen setzen, die geeignet sind, ein stiftungsfreundlicheres Klima zu schaffen. Bundespräsident Richard von Weizsäcker sagt: „Die Demokratie ist nur lebensfähig, wenn der einzelne bereit ist, für das Ganze Verantwortung zu übernehmen. Stifter geben ein Beispiel für verantwortliches Handeln im demokratischen Staat." Walter Scheel, einer seiner Vorgänger im Amt, führte vor der Arbeitsgemeinschaft Deutscher Stiftungen aus: „Wo private Initiative fehlt, tritt der Staat ein. Wo der Staat aber einmal ist, wird private Initiative eingeengt, geht ein wesentliches Stück Bürgerfreiheit verloren."

Auch andere Politiker haben in jüngster Zeit positiv auf die Forderungen der privaten Stiftungen reagiert und weitere steuerliche Anreize für deren Errichtung und gemeinnützige Tätigkeit in Aussicht gestellt. Dabei mag jedoch weniger die Erkenntnis des wachsenden Verlustes an demokratischer Substanz in unserem immer mehr von Sachzwängen bestimmten Gemeinwesen die zentrale Rolle spielen als die Suche nach Lösungswegen für die brennenden gesellschaftlichen Fragen der Gegenwart und Zukunft angesichts leerer Staatskassen.

Wer die auf wirtschaftlichem Wachstum und Vollbeschäftigung beruhende kollektive Daseinsvorsorge — von der Wissenschaftspflege bis zur Fürsorge für jene, die zur Arbeit in der Leistungsgesellschaft nicht oder nicht mehr tauglich sind — sichern will, muß den Dialog zwischen dem einzelnen Bürger, der Gesellschaft und dem Staat neu suchen und sich zugleich des Subsidiaritätsprinzips erinnern. Auch und gerade Politiker wissen oder sollten es wissen, daß Stiftungen fernab des politischen Tagesgeschäfts diesen Dialog fördern und neue Modelle für die künftige Daseinsvorsorge entwickeln und erproben können.

Die USA — ein Vorbild?

Es gibt kaum eine Diskussion, bei der nicht das amerikanische Stiftungswesen als für die Bundesrepublik Deutschland vorbildlich hingestellt wird. Und in der Tat, was die finanzielle Leistungskraft und damit die Gestaltungsmöglichkeiten betrifft, so stehen die USA auf der Welt einzigartig da: 25 000 Stiftungen — als Foundation, Corporation oder Fund bezeichnet — geben mit einem Gesamtvermögen von rund 130 Milliarden DM jährlich 10 Millarden DM für gemeinnützige Zwecke aus. Dieser Betrag entspricht in etwa der Hälfte des Vermögens aller rund 5 000 in der Bundesrepublik bestehenden rechtsfähigen Stiftungen.
Worin liegen die Gründe für die Bereitschaft der Amerikaner, sich für das Gemeinwohl in besonderer Weise einzusetzen? Manche bei uns vermuten in erster Linie handfeste Anreize durch das Steuersystem jenseits des Atlantiks. Sie übersehen dabei, daß es dort auch stiftungsfeindliche Tendenzen, wie z. B. die Einführung einer vierprozentigen Ertragsteuer für Stiftungen durch den Tax Reform Act von 1969 gibt. Entscheidend für das gemeinnützige Tun der US-Bürger ist vielmehr die im Vergleich zur Bundesrepublik mindere Rolle des Staates bei der Erfüllung öffentlicher Aufgaben. Die kollektive, vom Staat organisierte und verwaltete Daseinsvorsorge der Bürger, wie sie sich seit Beginn der Neuzeit in Deutschland schrittweise entwickelte, steckt im „jungen Amerika“ noch in den Kinderschuhen. Der Grund hierfür dürfte vor allem in der Ethik des amerikanischen Wirtschaftslebens liegen, die seit altersher stark vom Puritanismus bestimmt wird.

Für den gläubigen Calvinisten ist die Arbeit das irdische Los des Menschen, dabei erworbener Reichtum ein Geschenk Gottes. Dieses Geschenk verpflichtet ihn, wohltätige Zwecke für die Allgemeinheit zu erfüllen. Es gilt das ungeschriebene Gesetz: Wem Gott materiellen Wohlstand geschenkt hat, der soll weniger Glücklichen etwas davon abgeben. Der Stahlindustrielle Andrew Carnegie (1835—1919) wurde so zum Stifter, um — wie er selbst sagte — „der Schande zu entgehen, reich zu sterben".

Die bedeutendste seiner Stiftungen, die 1911 gegründete Carnegie Corporation of New York, will das Wissen und die Verständigung unter den Menschen und Völkern fördern. Konzentrierte sie zunächst ihre Gelder auf die Vereinigten Staaten, so werden diese inzwischen auch für Bildungs- und Erziehungsprojekte in den zum Britischen Commonwealth gehörenden Entwicklungsländern Afrikas und auf den Karibischen Inseln verwandt. Bekannt geworden ist die Carnegie Corporation vor allen Dingen durch die Förderung des Volksbildungsgedankens, indem sie noch während des Ersten Weltkrieges mehr als 2 500 öffentliche Bibliotheken in der gesamten englischsprachigen Welt ausstattete.

Carnegies mäzenatisches Tun hinterließ großen Eindruck bei John D. Rockefeller (1839—1937), der 1913 die Rockefeller Foundation gründete und ihr eine weitgespannte philanthropische Zielsetzung gab. So hat die Stiftung des Erdölmagnaten schon früh die neuen Disziplinen Sozialwissenschaften und Verhaltensforschung gefördert und damit wesentlich zu deren heutiger Bedeutung beigetragen. Bereits 1943,

noch ehe die drohende Ernährungskrise auf unserem Planeten allgemeine Beachtung fand, wandte sich die Rockefeller Foundation dem Hungerproblem in der Dritten Welt zu. Ihrer Arbeit ist es vor allem zu verdanken, daß der Hungertod in seiner Abhängigkeit vom Bevölkerungswachstum und Bildungsstand heute weltweit erkannt und bekämpft wird.
Eine besondere Anerkennung fanden diese Bemühungen 1970, als der Friedensnobelpreis an Norman Borlaug verliehen wurde. Er war der Leiter des Weizenprogramms am Internationalen Entwicklungszentrum für Mais und Weizen in Mexiko, das 1966 von der Rockefeller Foundation gegründet und gemeinsam mit der Ford Foundation finanziert wurde. Es gelang, spezielle Getreidesorten zu züchten, die bei geringer Anfälligkeit für Klima und Schädlinge das Mehrfache von dem an Erträgen brachten, was bislang erzielt wurde. Gerade die Rockefeller Foundation kennzeichnet eine starke internationale Ausrichtung ihrer Arbeit und unterstreicht damit das noch heute in den USA weit verbreitete Sendungsbewußtsein von einer besseren Welt.
Auch der erste katholische Präsident der Vereinigten Staaten, John F. Kennedy, erinnerte bei seiner offiziellen Amtseinführung am 20. Januar 1961 an den Piongeist der Amerikaner, als er seine Landsleute aufforderte: „Fragt nicht, was Euer Land für Euch tun kann — fragt, was Ihr für Euer Land tun könnt." Doch der in den Worten des Präsidenten zum Ausdruck kommende Aufbruch einer jungen, optimistischen Gesellschaft war spätestens seit den dreißiger Jahren unseres Jahrhunderts mit vielen Problemen behaftet.

Die privaten amerikanischen Stiftungen zeigten sich angesichts der großen wirtschaftlichen Depression der dreißiger Jahre nicht mehr in der Lage, die soziale Not von weiten Teilen der Bevölkerung nachhaltig zu lindern. In der Folgezeit wurden daher unter dem Präsidenten Franklin D. Roosevelt und seinen Nachfolgern Sozialversicherungssysteme eingeführt, das Gesundheits- und Bildungswesen zunehmend als staatliche Aufgaben verstanden. Seit Roosevelts „New Deal" sehen die Regierung und der Kongreß eine ihrer wesentlichen Funktionen in der Förderung der öffentlichen Wohlfahrt. Das private Element verliert seitdem auch in den USA an Bedeutung und wird — wie das Beispiel der 1969 eingeführten Steuerpflicht für Erträge von Stiftungen dokumentiert — bisweilen sogar bewußt zurückgedrängt.
Wen wundert es angesichts dieser Entwicklung, daß die meisten großen amerikanischen Stiftungen in den ersten drei Jahrzehnten dieses Jahrhunderts errichtet wurden? Erst in jüngster Zeit konnten das Howard Hughes Medical Institute in Bethesda/Maryland als Anstaltsstiftung und der J. Paul Getty Trust, der künstlerische Zwecke verfolgt, Anschluß an die Stiftungen von Carnegie, Rockefeller, Ford, Kellogg oder Robert Wood Johnson finden. Dennoch: auch heute leisten die privaten Stiftungen in den USA auf den Gebieten Erziehung, Gesundheit, Wissenschaft, Wohlfahrt, internationale Beziehungen, Kunst und Kultur, Religion — in dieser Reihenfolge — Beachtliches. Sie hatten und haben weiterhin nachhaltigen Einfluß auf die soziale und kulturelle Entwicklung des Landes.

Die großen amerikanischen Stiftungen wurden nach dem Zweiten Weltkrieg für die Bundesrepublik Deutschland zum Vorbild, etwa was die Gründung der Fritz Thyssen Stiftung, der Stiftung Volkswagenwerk oder der Alfried Krupp von Bohlen und Halbach-Stiftung betrifft. Heute noch spielen sie diese Rolle, wenn es darum geht, das persönliche Verantwortungsbewußtsein des Bürgers für das demokratische Gemeinwesen zu stärken und durch eine gezielte Öffentlichkeitsarbeit auf die wichtige Funktion von privaten Stiftungen in der modernen Gesellschaft hinzuweisen.

Verantwortung des Bürgers für das Gemeinwesen

„Charity begins at home" ist unter Mäzenen im angelsächsischen Raum ein vielgebrauchtes Sprichwort. Es bedeutet, daß man bei der Lösung von gemeinnützigen Aufgaben am besten dort beginnt, wo man sie aus eigener Erfahrung kennt. Das „zu Hause" ist dabei nicht auf die eigene Familie, die Nachbarschaft, den Heimatort oder die nähere Umgebung beschränkt. Auch die auswärtige Schule oder Hochschule, an der man seine Ausbildung erhalten hat, gehören mit zu diesem persönlichen Erfahrungsbereich.
Als der Eisenbahnpionier Leland Stanford am 14. Mai 1887 den Grundstein für die nach ihm benannte und von ihm den „Kindern Kaliforniens" gestiftete Universität in Palo Alto legte, konnte noch niemand die heutige Bedeutung dieser Elite-Hochschule mit derzeit rund 13 000 Studenten erahnen. Auch war nicht vor-

hersehbar, wie sehr sich später ehemalige Studenten und Absolventen durch Spenden und Zustiftungen ihrer Universität zugehörig fühlen würden. Bei einem Gang über den Campus bietet sich heute — vermittelt mit den Augen des Journalisten Michael Jungblut — folgendes Bild: „Die 1917 eingeweihte Kunstgalerie wurde von Stanfords jüngerem Bruder Thomas gestiftet; die Memorial Hall mit ihren Theatern wurde aus Spenden ehemaliger Studenten errichtet, die damit an ihre in den Weltkriegen und in Korea gefallenen Kommilitonen erinnern wollten. Das Laurence Frost Amphitheater wurde von dem Ehepaar Howard Frost zum Gedenken an ihren Sohn Laurence gebaut, der an Kinderlähmung starb. In der Stanford School of Medicine erinnern unter anderem das Louis B. Mayer Krebsforschungszentrum und die Lane-Medical-Bibliothek an ihre Spender. Dem ehemaligen Studenten und späteren US-Präsidenten Herbert Hoover verdankt die Universität die Hoover-Institution, zu deren Beständen die wohl größte Sammlung wissenschaftlicher Werke und Dokumente über Kommunismus und Faschismus gehört."

„Eindrucksvolle Monumente privater Großzügigkeit sind", so Michael Jungblut weiter, „aber auch die nach Henry Meyer oder Cecil Green benannten Bibliotheken mit ihren Millionen Bänden sowie die Hopkins Marine Station, eine an der Monterey Bay gelegene Meeresforschungsanstalt von internationalem Ruf. Geschenke reicher Gönner sind auch viele der Sportstätten, die ganz selbstverständlich zu jeder amerikanischen Universität gehören, die auf sich hält: Das 85 000 Zuschauer fassende Stadion, die mit 8 000 Sitzen ausgestattete Basketballhalle, die Schwimmbäder, der Golfplatz. Doch man muß nicht Multimillionär sein, um in die Annalen der Universität einzugehen. Überall erinnern kleine Plaketten daran, daß dieser oder jener Hörsaal, seine Ausstattung mit Stühlen, eine Statue oder ein Brunnen von einem dankbaren ehemaligen Studenten, seinen Eltern oder anderen Freunden von Stanford gestiftet worden ist."

Die an allen amerikanischen Colleges und Universitäten bestehenden „endowments" gehen in die Zehntausende und sind Finanzierungsinstrumente im allgemeinen Hochschuletat für Stipendien, Stiftungs- und Forschungsprofessuren. Diese im deutschen Stiftungssteuerrecht noch unbekannte Möglichkeit erlaubt es Stiftungen, für eine selbst gestellte gemeinnützige Aufgabe einen bestimmten Kapitalertrag über einen längeren Zeitraum anzusammeln, ohne die Erträge zeitnah zu verwenden. Erst wenn die Erträge aus dem so gebildeten Vermögen für die Begleichung der laufenden Betriebs- und Personalkosten des vorgesehenen Projekts ausreichen, wird es verwirklicht. Nicht nur Universitäten sind auf diese Weise entstanden, sondern auch Museen und Aquarien, öffentliche Bibliotheken, Konzertsäle, Theater, Opernhäuser, Symphonieorchester und Krankenanstalten.

Mildtätigkeit und Gemeinnützigkeit sind nach amerikanischem Selbstverständnis zunächst einmal öffentliche Tugenden des einzelnen. Sie setzen dessen Einsicht voraus, daß eine Gesellschaft nur leben kann, wenn jedes Mitglied bereit ist, unter Zurückstellung eigener Interessen etwas für die Gemeinschaft zu tun. Gleichzeitig ist es die Einsicht des einzelnen, daß ein

Tätigwerden für die Gemeinschaft in letzter Konsequenz ein Tätigwerden für sich selbst ist. Dieses Geben und Nehmen ermöglicht es den Bürgern, sich für bestimmte Teilbereiche, aber auch für das Gemeinwesen insgesamt verantwortlich zu fühlen und sich dadurch mit ihm zu identifizieren.
Um dem in der Bundesrepublik zu beobachtenden Verlust an Identifikation des Bürgers mit seiner Gesellschafts- und Staatsordnung entgegenzuwirken, ihn aus seiner Passivität zu locken und aktiv in die Gestaltung seiner Lebenswelt einzubeziehen, dazu können die Förderung des Stiftungsgedankens und die Schaffung eines stiftungsfreundlicheren Klimas durch den Gesetzgeber beitragen. Der mit der US-amerikanischen wie deutschen Stiftungslandschaft vertraute Rechtswissenschaftler Ulrich Karpen fordert denn auch: „Es muß mit der klassischen verfassungstheoretischen Unterscheidung von Staat und Gesellschaft wieder ernst gemacht werden." Für ihn symbolisieren der Staat das „Reich der Notwendigkeit" und die Gesellschaft das „Reich der Freiheit". Das Sitftungswesen ist für Karpen „die Nahtstelle zwischen individueller Freiheit und dem gesellschaftlichen Verantwortungsbewußtsein des Einzelnen".

Tue Gutes und rede darüber

Eine lebendige, den Anforderungen der Zeit gerecht werdende Stiftungsarbeit lebt von Anregungen, Hinweisen und Kritik von außen. Sie muß aus dem in Deutschland noch allzuoft favorisierten Elfenbein-

turm heraus. Mit Pressekonferenzen und -mitteilungen, Tätigkeitsberichten, Publikationen über geförderte Projekte und Veranstaltungen, öffentlichen Preisverleihungen und Symposien gilt es über die gemeinnützige Arbeit zu informieren. Der Bürger hat nicht nur ein Recht zu erfahren, was mit steuerbegünstigtem gemeinnützigem Geld geschieht. Stiftungen haben aus wohlverstandenem Eigeninteresse heraus auch die Pflicht, sich eine eigene Öffentlichkeit zu schaffen, die ihrer Arbeit wohlwollend gegenübersteht, sie konstruktiv-kritisch begleitet und als Anstoß zu eigenem gemeinnützigen Tun nimmt.
Der Puritanismus hat die großen amerikanischen Stifterpersönlichkeiten nie davon abgehalten, auf die Erfolge ihrer Arbeit öffentlich hinzuweisen — im Gegenteil: Das mäzenatische Tun legitimiert in ihren Augen wie in denen der Begünstigten den eigenen materiellen Wohlstand. Von den deutschen Stiftern vertritt diese Einstellung am ehesten der in Berlin geborene Wahl-Hamburger „An-Stifter" — wie er sich selbst gerne nennt — Kurt Körber. Über seinen Bergedorfer Gesprächskreis, ein Treffpunkt der Diskussion fernab der parteipolitischen Klischees, sein für Senioren errichtetes „Haus im Park", die Verleihung des „Förderpreises für die europäische Wissenschaft" und andere gemeinnützige Initiativen in Hamburg und darüber hinaus wird stets im redaktionellen Teil von Tages- und Wochenzeitungen ausführlich berichtet. Der 75. Geburtstag des Inhabers der Hauni-Werke war denn auch 1984 für Altbundeskanzler Helmut Schmidt Anlaß, Kurt Körber als Person und Vorbild öffentlich zu würdigen: „Hier hat einer seine wirtschaftliche Unter-

nehmung durch seine Stiftungen zum Urheber gesellschaftlicher Initiativen gemacht, ohne doch die Unternehmung ihrem Zweck zu entfremden, der darin liegt, Erträge zu erwirtschaften. Hier hat einer begriffen und durch sein Beispiel gelehrt: Wer die Identität der Grundwerte unserer Gesellschaft bewahren will, der muß zum unvermeidlichen Veränderungsprozeß der Gesellschaft mit Vernunft beisteuern und mit Tatkraft — und beides soll andere anspornen."

Bis heute sind es in der Bundesrepublik Deutschland zumeist ausländische Tochterunternehmen, die ihr mäzenatisches Tun bewußt offenlegen. Getreu dem US-amerikanischen Vorbild bekennen sie sich zur gesellschaftlichen Verantwortung und Aufgabe des Unternehmens. Sie suchen darüber hinaus mittels gemeinnütziger Initiativen ein eigenständiges, positives Erscheinungsbild von sich zu zeichnen. Daß hierbei die Unterstützung von Kunst, Kultur und Sport besondere Beachtung findet, versteht sich von selbst. So kann zum Beispiel die Förderung junger Künstler ein progressives und dynamisches Firmenimage vermitteln und langfristig zur Entstehung einer Unternehmenskultur oder „corporate identity" beitragen, die innerhalb wie außerhalb des Betriebes Sympathien als Voraussetzung für geschäftlichen Erfolg wecken soll.

Außer den deutschen Töchtern von Mobil Oil, American Express, Olivetti, Philips und BP hat sich u. a. auch die Batig der Kunst verschrieben. Harald Erichsen, der Vorstandschef der deutschen Holding der britischen B.A.T. Industries, zu der die B.A.T.-Cigarettenfabriken, die Europlast und der Horten-Konzern zählen, nennt drei Gründe für das Engagement:

□ „Ein Industrieunternehmen steht nicht isoliert im wirtschaftlich-technischen Raum. Es ist eingebunden in den Kontext der bestehenden Gesellschaftsordnung. In diesem Rahmen ergeben sich fruchtbare Wechselbeziehungen zwischen Wirtschaft und Kultur.

□ Die scheinbar gegensätzlichen Glieder dieser Gesellschaft haben zumindest ein verbindendes Element: die schöpferische Phantasie des Menschen. Sie ist die Triebfeder für Innovation und damit für Fortschritt.

□ Eine freie Wirtschaft setzt freiheitliche politische Rahmenbedingungen, Freiheit des Denkens, der Wissenschaft und der Kunst voraus."

Erst langsam findet das image- oder goodwill-orientierte Sponsoring von Kunst, Wissenschaft und Umwelt nach dem Motto „Tue Gutes und rede darüber" bei deutschen Unternehmen Nachahmer. Außer Kurt Körber haben vor allen Dingen Banken und Sparkassen erkannt, daß die Zeit für ein Mäzenatentum im stillen vorüber ist. Spektakuläre Film- und Theateraufführungen, Patenschaften für Konzerte und Kunstausstellungen, die Errichtung von Stiftungsprofessuren an Hochschulen gehören zum neuen Aktionsbereich. Den Nutzen haben beide: Die Unternehmen gewinnen an gesellschaftlichem Ansehen, die gemeinnützigen Einrichtungen neue Geldgeber.

Dabei ist es bisweilen nicht leicht, die Grenzen zwischen mäzenatischem Tun einerseits und der direkten Unternehmens- und Produktwerbung andererseits zu ziehen. Grauzonen bestimmen das Bild. Die Förderung des Spitzensports via Trikot- und Bandenwer-

bung dürfte allerdings eindeutig kommerziellen Interessen dienen und hat mit dem ursprünglichem Stiftungsgedanken nichts mehr gemein.
Es ist davon auszugehen, daß die meisten Menschen sehr rasch merken, ob die Förderung gemeinnütziger Anliegen der Durchsetzung von reinen Geschäftsinteressen dient und die Förderung an konkrete Gegenleistungen auf seiten des Gesponsorten geknüpft ist. Mittelbare Vorteile für den Stifter, die sich gelegentlich als Nachteile erweisen können, müssen hingegen auch bei gemeinnützigen Stiftungen als legitim gelten. Sie sind sogar eine Voraussetzung für erfolgreiches Mäzenatentum, denn niemand — schon gar nicht die Politiker, die allzu oft und gern die Rolle des öffentlichen Mäzens spielen — würde ohne sie überhaupt aktiv.

Viele Zwecke rechtfertigen eine Stiftung

Der Stiftungszweck bestimmt das eigentliche Wesen, er ist das Herz jeder Stiftung. Durch die Zwecksetzung weist der Stifter für die Öffentlichkeit erkennbar auf Probleme hin, deren Lösung er für dringlich erachtet. Was er als Defizit empfindet, sei es in der Traditionspflege oder bei der Lösung von Problemen der Gegenwart und Zukunft, will er über die Errichtung einer gemeinnützigen Stiftung zu beheben suchen und Zeichen für andere setzen, ebenfalls auf diesem Gebiet etwas zu tun.

Um sich selbst und anderen eine neue Aufgabe zu stellen, muß man zunächst herausfinden, wo und wofür ein neuer Impuls oder eine Hilfe nötig ist, wo es einer neuen und tragenden Idee bedarf. Stifter müssen daher selber offen und empfänglich sein für die Anstöße und Gedanken, die andere vortragen. Man darf dabei kein Illusionist, sondern muß Realist sein und doch eine Vision haben sowie den Weg zu deren Verwirklichung erkennen.

Gemeinnützige Stiftungen haben im Laufe der Geschichte auf vielen Gebieten Wirkungen entfaltet, zugleich aber wandelten sich ihre Funktionen. Zunächst dienten sie fast ausschließlich der Gottesverehrung und der Förderung des eigenen Seelenheils. Die Nächstenliebe und der Wunsch, die allgemeine Wohlfahrt zu fördern, sind später hinzugekommen und bis heute starke Triebkräfte bei der Errichtung von Stiftungen geblieben. Seit dem letzten Jahrhundert traten dann die Aufgabenfelder Bildung und Erziehung, Kunst und Kultur, Wissenschaft und Forschung immer mehr in den Vordergrund. In neuester Zeit sind schließlich private Stiftungen entstanden, die sich besonders mit Fragen der Umwelt befassen.

Religion

Religiöse und kultische Stiftungszwecke haben im Laufe der Jahrhunderte als Folge der zunehmenden Säkularisierung des gesellschaftlichen Lebens immer mehr an Bedeutung verloren. Sie kommen aber auch heute noch vor, wenn es darum geht, die Feier von Seelenmessen für den Stifter und seine verstorbenen Familienangehörigen, den Bau, Unterhalt oder die Ausschmückung von Kirchen, Kapellen und Gemeindehäusern auf Dauer sicherzustellen. Sie können schließlich dem Zweck dienen, Priestern, Schwestern und Diakonissen eine gute Ausbildung oder angemessene Altersversorgung zu gewährleisten. Es sind gerade die Anliegen im Bereich von Bildung und Erziehung, die Stifter auch heute noch mit einer religiös-konfessionellen Komponente versehen.

So legte der Fürther Kaufmann J. W. Andreas Winterbauer bei der Errichtung der nach ihm benannten Stiftung 1974 fest, daß sie der Förderung von minderbemittelten evangelischen Schülern seiner Vaterstadt zu dienen hat. Die Carl und Helene Hagemeister-Stiftung in Berlin macht es sich zur Aufgabe, die in- und ausländische Missionstätigkeit der evangelischen Kirche zu fördern und dabei vor allem hilfsbedürftige Familien und Einzelpersonen evangelischen Glaubens in Afrika zu unterstützen. Andere jüngere Stiftungen wurden zugunsten der päpstlichen Universität Gregoriana in Rom (1978) oder zur Klärung des Verhältnisses von Theologie und Natur (1984) gegründet.

Soziale Wohlfahrt

Die Unterstützung von Armen und Alten, Kindern, Kranken und Behinderten ist bis in unsere Zeit — trotz der weitreichenden staatlichen Fürsorge auf diesen Gebieten — ein Anliegen von vielen privaten Stiftern geblieben. Sie engagieren sich für die Erforschung und Bekämpfung von Krankheiten, deren Entstehung oder Verlauf noch weitgehend unbekannt sind. Auch gibt es immer wieder Menschen, die durch das scheinbar so eng geflochtene soziale Netz unseres Staates hindurchfallen und denen von dritter Seite materiell geholfen werden muß.
Oft sind es betriebsbezogene Stiftungen, die in Not geratene Firmenangehörige unterstützen und zusätzliche, über die gesetzlich garantierte Alters- und Hinterbliebenenversorgung hinausreichende Beihilfen gewähren. Weniger finanzkräftige Stifter spüren andere Nischen im Sozialsystem auf, um dort ihre finanziellen Mittel gezielt einzusetzen. Sie kümmern sich um Probleme sozialer Randgruppen, wie Straffällige, Körperbehinderte, Drogenabhängige, Nichtseßhafte, die von der Öffentlichkeit kaum wahrgenommen werden.
Dem Strafverteidiger Wilhelm Markert und seiner Frau Ruth ist es zu verdanken, daß 1974 „Die Brücke-Stiftung Eingliederungshilfswerk Hannover“ gegründet wurde. Die Stiftung will dazu beitragen, entlasse-

nen Strafgefangenen die Wiedereingliederung in die Gesellschaft zu erleichtern. Sie gewährt deshalb Überbrückungsdarlehen zur Schuldentilgung bei einzelnen Strafgefangenen, stellt finanzielle Mittel für die Beschaffung von Unterkünften bereit und richtet soziale Betreuungsstätten für ehemalige Häftlinge ein.
Der zunächst nur unter Homosexuellen und Drogenabhängigen zu beobachtenden Ausbreitung der Infektion mit dem Human Immundeficiency Virus (HIV), dem Erreger der bislang unheilbaren Krankheit Aids, hat die Otto Kuhn Stiftung den Kampf angesagt. Mit Unterstützung der 1976 errichteten und zur Zeit über ein Kapital von 3,1 Millionen DM verfügenden privaten Stiftung war es Karl-Otto Habermehl vom Institut für Klinische und Experimentelle Virologie der Freien Universität Berlin möglich, gen- und biotechnologische HIV-Tests zu entwickeln und auf nationaler wie internationaler Ebene zu etablieren. Zusätzlich werden Trainingskurse für Virusexperten durchgeführt und Standardpräparationen von Viren, Seren und Reagenzien an zahlreiche Institute versandt. Inzwischen arbeitet das Berliner Institut auch an der Entwicklung von Impfstoffen zur Bekämpfung des Aidserregers. Gerade dieses Beispiel zeigt, daß nicht nur die großen medizinischen Stiftungen mit weit über 100 Millionen DM Stiftungskapital, wie die Wilhelm Sander-Stiftung, die Dr. Mildred Scheel-Stiftung für Krebsforschung oder die Fürst Donnersmarck-Stiftung zu Berlin, in der Lage sind, erfolgreich private Anstöße zur Bekämpfung von Krankheiten zu geben.
Auch die Dr. Helmut und Margarethe Meyer-Schwarting Stiftung in Bremen ist ein gutes Beispiel dafür, wie

einzelne Bürger an der Lösung von zentralen medizinischen Problemen gezielt mitwirken können. Seit 1975 ist diese private Stiftung dafür bekannt, daß sie durch die Finanzierung von Lesegeräten für Blinde und Forschungsvorhaben für Schweraugengeschädigte gemeinnützige Zwecke verfolgt. Hierfür wendet sie, ausgestattet mit einem Vermögen von zur Zeit etwa 2,5 Millionen DM, eine Summe von zuletzt 100 000 DM pro Jahr auf.

Bildung und Erziehung

„Chancengleichheit im Bildungswesen" — dieses Ziel setzten sich die deutschen Bundes- und Landespolitiker Mitte der sechziger Jahre. Durch die Abschaffung des Schulgeldes für Gymnasien sowie der Studiengebühren an Hochschulen einerseits und die Gewährung von großzügigen finanziellen Beihilfen andererseits öffneten sie die weiterführenden Schulen und Universitäten für Bevölkerungsschichten, denen bislang eine höhere Bildung meist vorenthalten blieb.
Mancher Stifter, wie der Porzellanfabrikant Philip Rosenthal aus Selb in Oberfranken, sah sich damals herausgefordert, diesen Prozeß aktiv zu begleiten. Mit seinem 1970 gegründeten, in der Wortwahl bewußt doppeldeutig zu verstehenden Verein Grenzland-Stiftung will er junge Menschen aus Arbeiterfamilien und sonst wirtschaftlich oder bildungsmäßig benachteiligten Schichten fördern. Voraussetzung ist, daß sie nach ihrer Persönlichkeit geeignet erscheinen, zu Führungskräften in Wirtschaft und Gesellschaft herangebildet zu werden.

Die 1971 mit einem Kapital von einer Million DM errichtete Stiftung zur Förderung gleicher Bildungschancen hat sich die Aufgabe gestellt, wissenschaftliche Vorhaben im Zusammenhang mit Modellversuchen zur Verbesserung der Bildungschancen ausgewählter Schülergruppen zu finanzieren. Seit 1980 beteiligt sie sich an der Realisierung des Programms „Regionale Arbeitsstellen zur Förderung ausländischer Kinder und Jugendlicher“, für das sie zuletzt rund 100 000 DM pro Jahr zur Verfügung stellte.
Auch die 1978 vom Inhaber des Verlags Cornelsen — Velhagen & Klasing, Franz Cornelsen, und seiner Frau Hildegard errichtete, zunächst mit 850 000 DM dotierte und bis heute auf über vier Millionen DM aufgestockte Stiftung spiegelt die Aufbruchstimmung im Bildungswesen der siebziger Jahre wider. Sie fördert Projekte in den Bereichen Bildungsökonomie, Fremdsprachenerziehung, Didaktik der Ökologie im allgemeinbildenden Schulwesen und Integration von Ausländerkindern.
„Wer sich mit den Problemen der Eingliederung von Ausländern beschäftigt“, so der Geschäftsführer der 1985 in Weinheim/Bergstraße errichteten Freudenberg Stiftung, Christian Petry, „hat oft die Erfahrung gemacht, daß vieles, was geschehen könnte und sollte, an den Zuständigkeitsgrenzen scheitert, durch die die Berufe des Helfens und Erziehens bei uns, wie überall, voneinander getrennt sind. Notwendig wäre eine enge Zusammenarbeit zwischen Schulen und Betrieben, Einrichtungen der Jugendhilfe und der Kultur und Weiterbildung und Medien. Kurz: die Verwirklichung eines ganzheitlichen Vorgehens.“ Was dies für die Ar-

beit dieser privaten Stiftung bedeutet, zeigt sich konkret und aktuell in der Gründung des Zentrums für Türkeistudien in Bonn, das zusammen mit dem Stifterverband für die Deutsche Wissenschaft errichtet wurde. Ein Gedanke, der überfällig war, aber von niemandem bis dahin aufgegriffen wurde.
Private Schulen sind schon immer darauf angewiesen und verstehen es erfolgreich, private Mittel zu ihrem Unterhalt einzuwerben. Auch mancher Stifter empfindet eine Verantwortung und Verpflichtung für das Weiterbestehen dieser Schulform und engagiert sich mit Stiftungsgeldern. So auch Rudolf und Clara Kreutzer, die 1950 eine nach ihnen benannte Stiftung zur Förderung der Waldorfschulen und der anthroposophischen wissenschaftlichen Forschung in Nürnberg errichtet haben. Die Kurt Hahn-Stiftung erinnert an den Politiker und Pädagogen, der 1920 die Schule Schloß Salem am Bodensee gegründet hat. Zweck dieser Stiftung ist die Förderung von Erziehung und Unterricht an dieser privaten Schule und ähnlichen Einrichtungen, insbesondere die Vergabe von Stipendien an qualifizierte Schüler, deren Eltern nicht in der Lage sind, das Pensions- und Erziehungsgeld aufzubringen.
Die Förderung der beruflichen Aus- und Fortbildung von begabten Nachwuchskräften der Chemie, Pharmazie und Nichteisenmetallindustrie oder verwandter Wirtschaftszweige hat sich die von der Degussa AG in Frankfurt errichtete und nach einem früheren Vorstandsvorsitzenden benannte Hermann-Schlosser-Stiftung zum Ziel gesetzt. Der Nachwuchsförderung weiß sich ebenfalls der HYPO-Bank-Stiftungsfonds

verpflichtet, der seit 1985 eine Verbesserung der bankwissenschaftlichen Ausbildung anstrebt. Der langjährige Verleger des Handelsblattes, Friedrich Vogel, und seine Frau Isabel wollen mit ihrer 1984 ins Leben gerufenen Stiftung zur Förderung der Aus- und Fortbildung von Wirtschaftsjournalisten beitragen.

Kunst und Kultur

Bernhard Freiherr von Loeffelholz, Direktor der Dresdner Bank und Vorstandsmitglied der Jürgen-Ponto-Stiftung, beschreibt die Wiederentdeckung des Kunststifters in neuerer Zeit: „Man hat ihn lange für entbehrlich gehalten, bisweilen auch für störend wie einen Maulwurf, der in die mit öffentlichen Mitteln gepflegte Kulturlandschaft einen Haufen setzte, wo ihn der Gärtner eigentlich nicht haben wollte." Bund, Länder und Gemeinden beobachten den Einzug des privaten Mäzens in die staatlich subventionierte Kultur- und Kunstszene bisweilen eifersüchtig und skeptisch. Denn mancher ehrgeizige Regionalpolitiker büßt damit an Einfluß ein, und der Glanz der schönen Künste strahlt nicht mehr allein auf ihn zurück.

Gleichzeitig prophezeien Pessimisten den Niedergang der Kunst, fürchten eine kommerzielle Vereinnahmung der geförderten Künstler durch den privaten Stifter. Zugegeben: Für die Dresdner Bank ist die nach dem 1977 von Terroristen ermordeten Vorstandssprecher Jürgen Ponto benannte Stiftung auch ein Instrument der Imagewerbung. Die von ihr geförderten Musiker, Maler, Bildhauer, Architekten, Dichter und

Schauspieler müssen, wie die Erfahrung lehrt, aber keineswegs ihr Privatkonto bei dieser Bank errichten oder in Anzeigenspots bzw. bei öffentlichen Auftritten für deren Dienstleistungen werben.
Auch die Hypo-Kulturstiftung will nicht die Kunst für den Profit vereinnahmen, sondern mit spektakulären Ausstellungen in ihrer Münchener Kunsthalle geistig anregen und inspirieren: Deutsche Romantiker, Fernando Botero, Lovis Corinth, die Wiener Albertina und Exponate der Petersburger Gold- und Silberschmiede Fabergé konnten durch die Initiative der Bayerischen Hypotheken- und Wechsel-Bank in den letzten Jahren einem großen Kreis von Kunstinteressierten gezeigt werden. Die Lage der Kunsthalle in Münchens eleganter Theatinerstraße erlaubt es problemlos, das Shopping für kurze Zeit zu unterbrechen. Kunst und Kommerz, Geist und Geld müssen — im wohlverstandenen doppelten Sinn — nicht immer unvereinbar sein, sondern können durchaus fruchtbar zusammenwirken.
Der Schriftsteller Arno Schmidt fand in Jan Philipp Reemtsma, Erbe des Hamburger Zigaretten- und Bierkonzerns mit großer mäzenatischer Vergangenheit, seinen Gönner. Schon als Student der Germanistik und Philosophie war dieser von der Idee erfüllt, den Schriftsteller zu fördern. Aber erst kurz vor dessen Tod im Jahr 1979 wurde dieser Traum Wirklichkeit. Anschließend gründete Reemtsma die Arno Schmidt-Stiftung mit einem Kapital von fünf Millionen DM und dem Ziel, das Erbe des Schriftstellers zu hüten.
Es dürfte nur wenige kulturelle Zwecke geben, die noch nicht ihren Maecenas gefunden haben. Zu den von Peter Ludwig, dem Aachener Schokoladenfabri-

kanten, vielfältig unternommenen Initiativen im Bereich der Kunst sei hier die Ludwig-Stiftung für Kunst und internationale Verständigung genannt. Sie hat sich die Aufgabe gestellt, die Kunst des Auslands, die bei uns weniger bekannt ist und daher weniger geschätzt wird, dem Kunstmarkt zu öffnen. Junge Künstler können die Förderung ihrer Arbeit neuerdings durch die Kunst- und Kulturstiftung des Nürnberger Verlegers Joseph E. Drexel bzw. durch die Stiftung des 1976 verstorbenen expressionistischen Malers Karl Schmidt-Rottluff erhoffen. Und wer die Kölner Mundart erlernen will, der wendet sich an die Stadtsparkasse der Domstadt. Sie unterhält die Stiftung City Treff als kulturelle Begegnungsstätte und die „Akademie för uns kölsche Sproch", eine Art Volkshochschule, die sich der Erforschung und Pflege des Kölner Dialekts verschrieben hat.

Bewußt regional ausgerichtet ist auch die 1968 vom Senior der Bitburger Brauerei errichtete Dr.-Hanns-Simon-Stiftung. Sie finanziert sich aus Barausschüttungen der Brauerei und verfolgt insbesondere heimatverbundene kulturelle Zwecke. Dazu zählen die Errichtung und die Unterhaltung des Kulturzentrums Haus Beda, das öffentliche Aufgaben wahrnimmt: Es beherbergt eine städtische Bücherei und das Eifel-Ardennen-Museum; es dient der Weiterbildung und Freizeitgestaltung (Volkstanzgruppe, Schach, Yoga u. a.) und ist Veranstalter von Konzerten sowie Kunstausstellungen. Einen engen Heimatbezug pflegen auch die Mitte der siebziger Jahre errichteten Stiftungen zur Bewahrung des kulturellen Erbes der Schlesier, Ostpreußen oder Deutschbalten.

Wissenschaft und Forschung

Für die Finanzierung von Wissenschaft und Forschung wurden 1985 in der Bundesrepublik Deutschland 70,3 Milliarden DM aufgewandt. Hiervon stellten die öffentlichen Hände 39,1 und der Wirtschaftssektor 31,2 Milliarden DM zur Verfügung. Mit einem Betrag von 51,7 Milliarden DM überwogen dabei die Aufwendungen für Forschung und experimentelle Entwicklung (FuE), die zu 40,4 Prozent vom Staat und zu 59,6 Prozent von der Wirtschaft stammten. Bei der Förderung der übrigen, nicht primär im naturwissenschaftlich-technischen Bereich angesiedelten Wissenschaften betrug das Verhältnis 97,8 zu 2,2 Prozent. Von den 2,2 Prozent an privaten Geldern entfielen wiederum 1 Prozent auf Spenden bzw. 1,2 Prozent auf Stiftungen. Und diese 1,2 Prozent von 1985 entsprachen einer Summe von rund 225 Millionen DM.
Betrachtet man das Ungleichgewicht der öffentlichen und privaten Wissenschaftsfinanzierung, das außerhalb der stark anwendungsbezogenen naturwissenschaftlich-technischen Fachgebiete zu beobachten ist, so scheint der private Teil eine zu vernachlässigende Größe zu sein. Und dennoch stellt er „das Salz in der Suppe“ dar, das Flexibilität und Innovation im staatlichen Wissenschafts- und Forschungssystem der Bundesrepublik mit ermöglicht. Hans-Joachim Queisser, Direktor am Max-Planck-Institut für Festkörperforschung in Stuttgart, hat dies einmal so formuliert: „Scheinbar vernachlässigbar geringe Zusätze eines chemischen Elements sind es, die gewaltige Änderungen der elektrischen Eigenschaften eines Halbleiter-Kri-

Wissenschaftsfinanzierung in der Bundesrepublik Deutschland 1985

Finanzierung für / durch	Öffentliche Haushalte		Wirtschaft		Zusammen	
	Mrd. DM	%	Mrd. DM	%	Mrd. DM	%
Wissenschaft insgesamt	39,1	55,6	31,2	44,4	70,3	100
davon für Forschung und experimentelle Entwicklung (FuE)	20,9	40,4	30,8	59,6	51,7	100
Lehre, Ausbildung sowie Tätigkeiten von Bibliotheken, Informationsdiensten u. a.	18,2	97,8	0,4	2,2	18,6	100

Quelle: Faktenbericht 1986 zum Bundesbericht Forschung, Berechnungen der SV-Gemeinnützige Gesellschaft für Wissenschaftsstatistik mbH

stalls ergeben. Hierin liegen die Prinzipien der modernen Mikroelektronik. Wir Halbleiterphysiker sprechen von der ‚Dotierung' durch diese geringen Zugaben. Eine solche Rolle spielen auch die Dotierungen, die unserer Wissenschaft durch die privaten Stifter zufließen. Nur scheinbar sind sie geringfügig im Vergleich zu den großen staatlichen Fördermitteln."
Die private Wissenschaftsförderung genießt bei einer Mehrzahl von Unternehmen, aber auch bei akademisch gebildeten Personen heute einen hohen Stellenwert. Diese Priorität resultiert bei Unternehmen nicht zuletzt aus einem natürlichen Eigeninteresse, das sich von den Ergebnissen der Forschung an Instituten und

Hochschulen sowie von der Qualität der dort ausgebildeten Studenten und wissenschaftlichen Mitarbeiter auf Dauer betrieblichen Nutzen verspricht, wenngleich er nie vorhersehbar ist. Auch möchten die Firmen durch ihre finanziellen Zuwendungen ein positives Ansehen im Wissenschaftsbereich erlangen und dazu beitragen, den Forschungseinrichtungen eine Restunabhängigkeit von der öffentlichen Hand zu sichern.

Von Unternehmen errichtete Wissenschaftsstiftungen sind in ihrer Zweckbestimmung oftmals branchen- und firmennah angesiedelt. Dies verwundert nicht, da hier Forschungsdefizite am besten erkannt, neue Ideen am ehesten als förderungswürdig aufgegriffen und schließlich die Ergebnisse sachgerecht beurteilt werden können. Auf diese Weise sind die Schlafhorst-Stiftung für Textilforschung, Ernest-Solvay-Stiftung zur Förderung chemisch-technologischer Forschung, LITEF Stiftung zur Förderung der Informatik oder SEL-Stiftung für technische und wirtschaftliche Kommunikationsforschung entstanden.

Die SEL-Stiftung vergibt neben zwei bis drei Promotionsstipendien pro Jahr für Wirtschafts- und Sozialwissenschaftler auch den „Forschungspreis Technische Kommunikation“ in Höhe von 25 000 DM. Er ist für Angehörige außerindustrieller Einrichtungen bestimmt, die herausragende Arbeiten über das Zusammenwirken von Mensch und Technik in Kommunikationssystemen und damit einen wichtigen Beitrag für eine menschengerechtere Technik leisten. Auch hat die Standard Elektrik Lorenz AG, analog zu anderen Großunternehmen, vor kurzem eine Gastprofes-

sur aus Mitteln ihrer Stiftung errichtet, die an der Technischen Hochschule Darmstadt das Themengebiet „Technik und Gesellschaft" fächerübergreifend behandelt.
Um die engen Handelskontakte im Energiebereich zwischen der Bundesrepublik Deutschland und Norwegen zu vertiefen und durch einen verstärkten Austausch auf akademischem Gebiet zu ergänzen, errichtete die Ruhrgas AG in Essen 1983 einen eigenen Stipendienfonds und stattete ihn mit einem Vermögen von 2,6 Millionen DM aus. Norwegische Studenten und Doktoranden, Dozenten und Professoren der Wirtschaftswissenschaften haben seitdem die Möglichkeit, an deutschen Universitäten zu studieren, zu forschen und zu lehren. Deutsche Studenten wiederum können Stipendien zur Teilnahme an der Internationalen Sommerschule der Universität Oslo beantragen. Inzwischen wurde der Stipendienfonds Ruhrgas um eine Million DM aufgestockt, um ein zusätzliches deutsch-norwegisches Austauschprogramm für Historiker zu finanzieren.
Wenn unternehmensnahe Stiftungen über die Lösung von Forschungsproblemen im eigenen Umfeld hinaus wirken wollen, so verzichten sie zumeist auf eine detaillierte Formulierung der Zwecke. Sie begnügen sich in ihrer Satzung mit dem Hinweis auf die allgemeine Wissenschaftsförderung. Der Stiftungsfonds Deutsche Bank ist somit in der Lage, sowohl den Aufbau der Wirtschaftswissenschaftlichen Fakultät der privaten Universität Witten/Herdecke als auch das Historische Kolleg in München finanziell zu unterstützen. In München können jährlich drei wissenschaftlich besonders

ausgewiesene Historiker frei von anderen Verpflichtungen in der ungestörten Umgebung eines Kollegs ein größeres Publikationsvorhaben abschließen.

„Wir wollen Leistung anerkennen und fördern", ist nach Aussage des Vorstandssprechers der Deutschen Bank AG, Alfred Herrhausen, das mäzenatische Motiv. „So scheuen wir uns nicht, von einer neuen Elite zu sprechen — einer Elite, die ihre Kompetenz und Autorität nicht auf materiellen Besitz, auf ererbte oder formale Zugehörigkeit zu einer bestimmten Schicht stützt, sondern auf Begabung und individuelle Leistung, gepaart mit persönlicher Integrität und gesellschaftlichem Verantwortungsbewußtsein." Diese Förderungspolitik, die von der Deutschen Bank nicht nur im Bereich der Wissenschaft, sondern auch im Sport und anderswo verfolgt wird, ist ein Beitrag zum einheitlichen Erscheinungsbild des Unternehmens und seiner Leistungskraft in der Öffentlichkeit.

Von vielen Privatpersonen werden medizinische Zwecke mit der Errichtung von Wissenschaftsstiftungen verfolgt. Manche setzen ihr Vermögen oder Teile davon zur Bekämpfung von Krebs, Multipler Sklerose oder Migräne ein. Andere wiederum wollen die Alters- und Ernährungsforschung verstärkt gefördert wissen. Es bedarf allerdings in der Regel größerer Stiftungsvermögen, um medizinische Forschungsprojekte sinnvoll zu unterstützen.

In den Geisteswissenschaften sowie den Wirtschafts- und Sozialwissenschaften ist es hingegen möglich, schon mit geringen „Dotierungen" Großes zu bewirken. Hier reichen oft schon kleinere jährliche Stiftungserträge aus, um Philosophen, Germanisten, Juristen, Pädagogen und Betriebswirten Fördermittel zur Verfügung zu stellen, die es ihnen erlauben, wichtige Vorhaben abzuschließen oder neue zu beginnen. Auch die Wissenschaft selbst ist ein Forschungsgegenstand, der noch einer gezielten Förderung bedarf.

Umwelt

Nicht erst die seit Beginn der achtziger Jahre immer stärker in den Vordergrund der öffentlichen Diskussion gerückten Umweltfragen haben den heute über 90jährigen Alfred C. Toepfer veranlaßt, die Förderung des Naturschutzes und der Landschaftspflege zu einer Lebensaufgabe zu machen. Schon 1931 gründete der Hamburger Getreidekaufmann und zur Zeit wohl bedeutendste private Mäzen Deutschlands die Stiftung F. V. S.; die Abkürzung steht für Freiherr vom Stein und Friedrich von Schiller. Allein für die Erhaltung der Lüneburger Heide hat sie bislang über 80 Millionen DM aufgewandt. Ohne diese Stiftungsgelder wäre eine der schönsten und urtümlichsten Landschaften Norddeutschlands für immer zerstört worden.
Aber nicht nur materielle Hilfen für die bedrohte Umwelt will Alfred C. Toepfer leisten. Er möchte auch ein persönliches Beispiel geben für den täglichen Umgang mit der Natur. Gar mancher hat ihn als emsigen Wanderer kennengelernt, der in seiner Freizeit mit der Metallspitze des Wanderstockes unermüdlich Papierfetzen aufpickt, weggeworfene Flaschen als auch Blechdosen aufliest und sie in einen der vielen, von der Stiftung F. V. S. aufgestellten und der Heidelandschaft

angepaßten Abfallbehälter wirft. Selbstverständlich hat er den Bewohnern der Heide die gleichen Wanderstäbe zum Papieraufpicken zur Verfügung gestellt und einen Fuhrpark organisiert, der regelmäßig die Behälter entleert.

Auch die Georg Michael Pfaff Gedächtnisstiftung in Kaiserslautern, für Zwecke der Bildung und Gesundheit errichtet, arbeitet heute vor allem auf dem Gebiet der gesunden Lebensführung und für die Erhaltung bzw. Wiederherstellung gesunder Lebens- und Umweltbedingungen. Sie fördert über zwei Tochterstiftungen ökologische Alternativen zum herkömmlichen Landbau und die Entwicklung von mittleren Technologien, die eine minimale Belastung von Umwelt, Mitwelt und Nachwelt zum Ziel haben.

Kulturdenkmäler sind heute, neben der Naturlandschaft, mehr denn je durch negative Umwelteinflüsse in ihrem Bestand gefährdet. Schon ein flüchtiger Blick auf den Kölner Dom, den Leuchtturm „Roter Sand" vor der Wesermündung oder die von Dominikus Zimmermann im 18. Jahrhundert erbaute Wieskirche im Voralpenland läßt erkennen, daß schnelle Hilfe geboten ist, will man unwiederbringliche kulturhistorische Zeugnisse für die Nachwelt erhalten. Dieser Aufgabe weiß sich die 1985 von 23 Gründern ins Leben gerufene Deutsche Stiftung Denkmalschutz verpflichtet. In der Peterstraße zu Hamburg ließ Alfred C. Toepfer bereits in den sechziger Jahren Neubauten mit rekonstruierten Barockfassaden versehen, die einmal an anderer Stelle in der Stadt gestanden haben, ehe man sie abriß. Den früheren Standort bezeichnen Bronzetafeln mit Quellenangaben an jedem der Häuser.

Umweltfragen werden in der aktuellen Diskussion oft gleichgesetzt mit Anliegen der Ökologie und des Denkmalschutzes. Dabei kommen manche Themenkreise zu kurz, die die Umwelt ebenfalls maßgeblich mitbestimmen. Die von Karl Lang 1979 errichtete Stiftung Mensch und Arbeitswelt lenkt den Blick auf eine dieser Fragen. Im gleichen Jahr hoben Mitglieder der Arbeitsgemeinschaft zur Förderung der Partnerschaft in der Wirtschaft die Stiftung sozialer Wandel in der unternehmerischen Wirtschaft aus der Taufe. Sie dient der wissenschaftlichen Erforschung und Publikation der Grundsätze und praktischen Erfahrungen des In- wie Auslandes zu Fragen der Organisationsentwicklung, des kooperativen Führungsstils, der Arbeitsstrukturierung, der Mitbestimmung, der Erfolgs- und Kapitalbeteiligung sowie der tarifvertraglichen Vermögensbildung.
Auch die internationalen Beziehungen, Fragen der Völkerverständigung und des Friedens sollten private Stifter nicht allein parteinahen Stiftungen überlassen. Praktische und wissenschaftliche Projekte zu den Themenkreisen Nord-Süd-Konflikt, Ost-West-Beziehungen, europäische Einigung und Dritte Welt bedürfen nach wie vor finanzieller Unterstützung und multiperspektivischer Betrachtungsweisen.

Stiftungen werden nicht für den Tag errichtet! Diesen Grundsatz beherzigen alle großen deutschen Stiftungen, deren Aktionsfeld folglich nicht nur auf eine Aufgabe begrenzt, sondern auf mehrere Zwecke ausgerichtet ist: Stiftung Volkswagenwerk, Robert Bosch Stiftung, Alfried Krupp von Bohlen und Halbach-Stiftung, Gemeinnützige Hertie-Stiftung, Stiftung F. V. S., Fritz Thyssen Stiftung, Mahle-Stiftung u. a. Dies ermöglicht es den Stiftungsorganen, für bestimmte Zeiträume Förderungsschwerpunkte und Akzente festzulegen, die bei veränderten gesellschaftlichen Anforderungen und Herausforderungen durch neue gemeinnützige Vorhaben problemlos ersetzt werden können. Indem der Stiftungszweck möglichst weit gefaßt wird, kann zudem vermieden werden, daß eine Stiftung sich selbst überlebt und nicht mehr in die Zeit paßt. Dies ist wichtig, denn private Stiftungen sollten sich sowohl als Produkte wie auch als Produzenten gesellschaftlicher Veränderungen verstehen.

Bei der Festlegung von mehreren Stiftungszwecken ist es dem privaten Stifter erlaubt, diese als gleichberechtigt nebeneinander (gemischte Stiftung) oder in ihrer Wertigkeit nacheinander (Sukzessivstiftung) anzuordnen. Bei einer Sukzessivstiftung könnten beispielsweise die Unterstützung von in Not geratenen DDR-Aussiedlern Priorität besitzen und die Finanzierung von internationalen wissenschaftlichen Projekten mit dem Ziel der Überwindung der europäischen Teilung als nachgeordneter Zweck genannt werden. Auch wissen nur wenige, daß in der Bundesrepublik Deutschland bis zu 25 Prozent des jährlichen Ertrags von gemeinnützigen Stiftungsvermögen dazu verwendet werden kann, dem Stifter selbst oder dessen nächsten Angehörigen einen angemessenen Lebensunterhalt zu sichern. Diese Regelung soll verhindern helfen, daß Mäzene Opfer ihres eigenen Großmuts werden.

Bei der Wahl von Stiftungszwecken ist immer auch darauf zu achten, mit welchen Mitteln die Stiftung dotiert wird. Es ist davon auszugehen, daß bei einem Stiftungskapital von 100 000 DM durchschnittliche Jahreserträge in Höhe von rund sechstausend DM für die Erfüllung des Stiftungszweckes zur Verfügung stehen. Dies bedeutet, daß mit Mitteln von Stiftungen kleinerer und mittlerer Größenordnung keine Projektförderung mit Personal- und Sachkosten betrieben werden kann, schon gar nicht im Bereich der Medizin, der Naturwissenschaften und der Ingenieurwissenschaften. Zudem kann man unterstellen, daß die klassische Projektförderung durch Bund, Länder und Gemeinden, durch Kirchen, Gewerkschaften und Großstiftungen auf vielen Gebieten intensiv betrieben wird.

Daneben gibt es aber zahlreiche Betätigungsfelder für private Stiftungen im Bereich der Kleinförderung. Hier geht es mehr um strukturelle Hilfen, die immer wieder nachgefragt, aber bisher insgesamt nur unzureichend befriedigt werden können. Dazu zählen: Instandsetzung alter Wegekreuze, Finanzierung von Jugendlagern und Kursen der Altenbildung, Ankauf von alten Büchern für Bibliotheken, Übernahme von Mietkosten für Ateliers junger Künstler, Druckkostenzuschüsse für wissenschaftliche Arbeiten, Reisebeihilfen für den Besuch internationaler Kongresse, Ankauf von Arbeitsgeräten, Anlage von Biotopen. Außerdem können in Form von Wettbewerben, Preisen und personenbezogenen Zuwendungen spezielle Anreize für Spitzenleistungen auf den unterschiedlichsten Gebieten geboten werden. Bei diesen strukturellen Hilfen erzielen Bewilligungen von wenigen tausend Mark schon außerordentliche Effekte.

Es gibt immer gute Gründe, Gutes zu tun

Es bleibt die Frage: Was motiviert Menschen, Stifter zu werden? So einfach und plausibel diese Frage scheint, so schwierig ist es, über das sich vielfältig überlagernde Geflecht aus emotionalen und rationalen Beweggründen ein genaues Bild für den Einzelfall zu gewinnen. Denn natürlich sind die Motive, die Menschen unserer Zeit veranlassen, sich ohne materielle Gegenleistungen für gemeinnützige Anliegen finanziell und ideell zu engagieren, ebenso vielfältig wie die Persönlichkeitsstrukturen der Stifter.
Und doch läßt sich in der Regel sagen: Es sind persönliche wie auch eigennützige Beweggründe, die zur Errichtung von privaten Stiftungen führen. Individuelle Neigung oder Betroffenheit gehören dazu wie Jubiläen und der Wunsch, eines Verstorbenen zu gedenken oder das eigene Lebenswerk zu erhalten. Der Eigennutz wird bei gemeinnützigen Stiftungen aber stets überlagert von dem Interesse und Einsatz für eine uneigennützige Aufgabe. Diese beiden Seiten der Motivation zur Errichtung einer Stiftung bestehen seit alters her und sind wichtige Voraussetzungen für eine erfolgreiche Realisierung der gesteckten Ziele.

Persönliche Betroffenheit

„Wenn Sie mir schon nicht mehr helfen können, dann sagen Sie wenigstens, wie ich dazu beitragen kann, daß anderen diese Situation erspart bleibt." Dieser Satz war am Ende einer langen, sorgenvollen Krankheits-

periode der Anfang zu einer Stifung, die es sich zur Aufgabe gemacht hat, Menschen das Augenlicht zu retten.
1965 erkrankte der Münchener Baumaschinenfabrikant Hermann Wacker an einer Netzhautablösung. Der letzte der behandelnden Ärzte, Gerd Meyer-Schwickerath von der Universitäts-Augenklinik in Essen, mußte seinem Patienten sagen, daß das erkrankte Auge nicht mehr zu retten sei.
Hermann Wacker informierte sich in den nächsten zwei Jahren intensiv über die Gefahren seiner Augenerkrankung und errichtete 1967 den Hermann-Wacker-Fonds, Stiftung zur Erforschung der Netzhautablösung. Das Stiftungskapital ist vom Stifter bis zu seinem Tode 1986 laufend ergänzt worden, so daß die Stiftung für die Verbesserung der Früherkennung und für die Entwicklung von Methoden zur Vorbeugung der Netzhautablösung derzeit über ein Vermögen von 1,2 Millionen DM verfügt.
Das Beispiel zeigt: Nicht selten ist es persönliche Betroffenheit, die zum Motiv für die Errichtung einer Stiftung wird. So war es auch bei Hermann und Lilly Schilling. Sie lernten die schwerwiegenden Folgen der Multiplen Sklerose durch die Erkrankung eines Familienmitgliedes kennen. Diese Erfahrung ließ den Wunsch reifen, mit ihrem Vermögen später eine Stiftung zu etablieren, die es sich zum Hauptziel setzen sollte, die Ursachen der Multiplen Sklerose zu erforschen. Nach dem Tod von Hermann Schilling im Jahre 1961 — er war Staatsfinanzrat und Generaldirektor der Preußischen Staatsbank, Vorstand der VEBA und anschließend Mitinhaber des Hamburger Bank-

hauses Brinckmann, Wirtz & Co. — errichtete seine Frau die Stiftung im Jahre 1970 mit einem Anfangsvermögen von fünf Millionen DM. Nach ihrem Tod wurde das Stiftungskapital auf rund 50 Millionen DM aufgestockt.

Über 25 Millionen DM hat diese private Stiftung bisher für die Förderung der medizinischen Forschung eingesetzt, und zwar unter anderem für

- □ die Untersuchung des Immunsystems im Zusammenhang mit der Entstehung und dem Verlauf der Multiplen Sklerose durch eine klinische Forschungsgruppe der Max-Planck-Gesellschaft an der Neurologischen Klinik der Universität Würzburg;
- □ die Einrichtung einer Multiple Sklerose-Informations- und Beratungsstelle an der Universität Göttingen;
- □ die Erforschung der Immunbiologie von bösartigen Tumoren;
- □ Ausbildungsstipendien für ein Aufbaustudium in Molekular- und Zellbiologie.

Der Mensch wird besonders von dem geprägt, was er selbst erlebt. Viele Probleme werden uns erst dann richtig bewußt, sind wir mit ihnen konfrontiert. Das gilt nicht nur für die Medizin, sondern dies hat Gültigkeit für fast alle Bereiche, in denen wir plötzlich aus dem eigenen Erleben heraus erkennen: Hier muß mehr getan werden. Sei es beim Schutz der Umwelt, in der Erforschung neuer Energiequellen, bei der Bekämpfung des Hungers in der Welt oder beim Kampf gegen die Suchtgefahren.

Gedenken

Ein bedeutender Mäzen unserer Tage hat einmal gesagt: „Die beste Möglichkeit, jemandem ein ehrendes Gedenken zu bewahren, ist, in seinem Namen weiterzuwirken.“ So wundert es nicht, daß für die Errichtung einer Vielzahl von Stiftungen die Trauer um den Verlust eines Menschen den Anstoß gibt, sei es im Familienkreis, an wichtiger Stelle eines Unternehmens oder bei einer Institution.

Die Witwe von Fritz Thyssen, Amélie Thyssen, und ihre Tochter Anita Gräfin Zichy-Thyssen errichteten am 7. Juli 1959 die Fritz Thyssen Stiftung als erste große private Stiftung nach dem Zweiten Weltkrieg in Deutschland. Sie wollten damit Fritz Thyssen (1873 — 1951) sowie dessen Vater und Gründer des Stahlkonzerns, August Thyssen (1842—1926), ein ehrendes Andenken bewahren. Hierfür stellten sie ein privates Aktienpaket der August Thyssen-Hütte AG im Nominalwert von 100 Millionen DM zur Verfügung. Das Vermögen ermöglichte es dieser Wissenschaftsstiftung, Vorhaben auf den verschiedensten Gebieten zu fördern und dafür bis heute über 250 Millionen DM aufzuwenden.

Das Schwergewicht der Förderung durch die Fritz Thyssen Stiftung liegt nach dem Willen der Stifterinnen auf dem Gebiet der Geisteswissenschaften. Hier wurde inzwischen das „Forschungsunternehmen 19. Jahrhundert“ abgeschlossen, das sich mit der Rolle der Geisteswissenschaften in dieser Zeit und deren Auswirkungen bis in unsere Tage beschäftigte. Andere Schwerpunkte sind die Archäologie und die Kunstwis-

senschaften, wobei sich die Stiftung stets bemüht, der internationalen Kooperation der Wissenschaften besondere Beachtung zu schenken.
Eines Menschen durch die Errichtung einer privaten Stiftung zu gedenken, der im Laufe seines Lebens lokales, regionales oder vielleicht sogar überregionales Ansehen erworben hat, stellt heute den Normalfall dar. Daß auch unbekannte, junge Personen oder sogar Kinder einer gemeinnützigen Stiftung den Namen geben können, zeigt das Beispiel der Kind-Philipp-Stiftung für Leukämie-Forschung. Diese Stiftung gründete der Mönchengladbacher Textilmaschinenfabrikant Walter Reiners 1971 zum Gedenken an seinen im Alter von vierzehn Jahren verstorbenen jüngsten Sohn. Die heute über ein Kapitalvermögen von knapp vier Millionen DM verfügende Stiftung hat wesentlichen Anteil daran, daß in der Behandlung der heimtückischen Blutkrankheit bedeutende Fortschritte erzielt werden konnten. Noch zu Beginn der siebziger Jahre war Leukämie bei Kindern fast unheilbar. Heute kann bereits mehr als die Hälfte der erkrankten Kinder mit Erfolg ärztlich betreut werden.

Dankbarkeit

Eine außergewöhnliche, für die deutsche Sozialgesetzgebung dieses Jahrhunderts richtungweisende Einrichtung stellt die von Ernst Abbe 1891 gegründete Carl-Zeiss-Stiftung dar. Der beachtliche wirtschaftliche Aufschwung der von Abbe in Jena mit aufgebauten Optischen Werke (Firma Carl Zeiss) und Jenaer

Glaswerke Schott & Gen. und der damit verbundene wachsende persönliche Wohlstand ließen in ihm den Entschluß zur Stiftungserrichtung reifen. Er war davon überzeugt, daß der Reichtum, den die „Gunst der Umstände“ ihm bescherte, nach einem „strengeren Sittlichkeitsideen genügenden Eigentumsbegriff“ als „öffentliches Gut“ betrachtet werden müßte und der „gemeinnützigen Verwendung“ zuzuführen sei.
Die von Abbe empfundene Dankbarkeit, die ihn zur Errichtung der noch heute in seinem Sinn arbeitenden Carl-Zeiss-Stiftung mit jetzigem Sitz in Heidenheim an der Brenz veranlaßte, wird deutlich, wenn er die „ausgiebige Fürsorge für das Wohl aller derer, welche zur Gewinnung jener Mittel bisher mitgewirkt haben“ und die „Förderung der Wissenschaften, auf deren Boden die betreffenden Unternehmungen erwachsen sind“, proklamiert.
Das Motiv Dankbarkeit veranlaßte 1984 auch Hermann Jannsen, eine nach ihm benannte Stiftung zur Förderung der wissenschaftlichen Beschäftigung mit Fragen des Bankwesens ins Leben zu rufen und mit 100 000 DM zu dotieren. Der ehemalige Berliner und Frankfurter Bankier wollte so der Branche einen Dank abstatten, in der er viele Jahre wirkte und einen bedeutenden Beitrag zur Neuordnung des deutschen Bankwesens nach dem Zweiten Weltkrieg leisten konnte.
Eine besonders enge Beziehung zu ihrer Vaterstadt hatten stets lübische Kaufleute wie Emil Possehl (1850—1919), der in seinem Testament festlegte: „Mein größter Wunsch ist es, daß die Früchte meines Lebenswerkes meiner geliebten Vaterstadt, der Freien

und Hansestadt Lübeck, zugute kommen. Sie sollen die Volkswohlfahrt heben, insbesondere Sorge, Kummer und Not, die der jetzige Weltkrieg hervorgerufen hat, lindern und mindern. Sie sollen helfen, in deutschem Geiste alles Schöne und Gute in Lübeck zu fördern." Seit fast siebzig Jahren hat die Possehl-Stiftung nun schon auf dem Gebiet der Stadterhaltung, der Restaurierung sakraler und profaner Bauten, der Errichtung von Alters- und Pflegeheimen als auch der Förderung des Sports Zeichen gesetzt — ähnlich der Dräger-Stiftung, die der Industrielle Heinrich Dräger 1974 in gleichem Geist errichtete.

Persönliche Neigungen

Auch persönliche Neigungen, die Vorliebe für bestimmte Themen, sei es, daß man beruflich selbst damit befaßt ist oder weil sie immer schon das besondere Interesse fanden, sind nicht selten Auslöser für die Entstehung einer Stiftung. Irgendwann hält man die Zeit für gekommen, mehr als dieses Interesse „zu investieren".

Als die Naturwissenschaftler Käthe und Otto Müller 1968 die Müller-Reitz-Stiftung zur Förderung des naturwissenschaftlichen Unterrichts an höheren Schulen und Hochschulen mit einem Vermögen von 186 000 DM errichteten, wußten sie selbst nur zu gut, welchen Problems sie sich annahmen. Der Wunsch der Stifter, mehr junge Menschen für die Mathematik und die Naturwissenschaften zu interessieren, ging schon bald in Erfüllung, vielleicht sogar schneller als

sie ursprünglich dachten. Mit Unterstützung der Stiftung wurden zum Beispiel in Hamburg mathematische Arbeitszirkel eingerichtet, in denen sich viele Schülerinnen und Schüler außerhalb des Schulunterrichts mit besonderen Problemen der Mathematik beschäftigen können. Ein wichtiges und erfolgreiches Beispiel für die Begabtenförderung an der Basis.
Die 1981 von Altbundespräsident Karl Carstens und seiner Frau, der Ärztin Veronika Carstens, errichtete Stiftung zur Förderung der Erfahrungsheilkunde hat sich die Aufgabe gestellt, wissenschaftliche Vorhaben zu fördern, die zu einer stärkeren Einbeziehung von Naturheilverfahren in die medizinische Forschung, in die ärztliche Ausbildung und in die therapeutische Praxis führen. Ziel ist es dabei vor allem, durch die wissenschaftliche Prüfung der Wirksamkeit von Naturheilverfahren dazu beizutragen, daß diese künftig als Ergänzung der vorherrschenden therapeutischen Methoden angemessen berücksichtigt werden. Veronika Carstens hat in ihrer eigenen ärztlichen Praxis erfahren müssen, daß auf diesem medizinischen Gebiet noch erhebliche Defizite bestehen. Sie will — wie ihre verstorbene Kollegin Mildred Scheel auf dem Gebiet der Krebsbekämpfung — durch die Errichtung einer Stiftung dazu beitragen, diese zu beheben.
Die persönliche Neigung als Motiv findet sich besonders häufig bei Stiftern im Bereich von Kunst und Kultur. Peter Ludwig, Bernhard Sprengel, Henri Nannen oder Lothar-Günther Buchheim haben für den Einzug der modernen Malerei in die Museen Außerordentliches geleistet. Ohne ihre Sammlungen wäre die deutsche Kulturlandschaft entschieden ärmer.

Jubiläen

Jahrestage sind nicht nur Stationen des Rückblicks. Sie sind Haltepunkte im Leben einzelner und auf dem Entwicklungsweg von Unternehmen wie Institutionen. Hier wird das Eingebundensein in den Fluß der Zeit besonders deutlich. Deshalb sind herausragende Geburtstage und Firmenjubiläen auch Auslöser für die Schaffung von Einrichtungen, die Gegenwart und Zukunft miteinander zu verbinden suchen und etwas bewirken wollen, das der Vergänglichkeit widersteht. Ein gutes Beispiel hierfür aus jüngster Zeit ist die 1986 errichtete Gottlieb Daimler- und Karl Benz-Stiftung.

Anläßlich ihres hundertjährigen Firmenjubiläums wollte die Daimler-Benz AG mit der Errichtung dieser Stiftung zur Klärung der Wechselbeziehung zwischen Mensch, Umwelt und Technik beitragen. Im langjährigen Wohnort von Karl Benz, Ladenburg bei Heidelberg, wird ein Kolleg entstehen, das anerkannten in- und ausländischen Forschern, aber auch Nachwuchskräften aus Wirtschaft, Gewerkschaften und öffentlichen Institutionen interdisziplinäre Kontakte sowie die Ausführung eigener Arbeiten auf dem genannten Gebiet ermöglicht. Ferner sollen Promotions-, Habilitations- und Forschungsstipendien aus den Erträgen der 50 Millionen DM-Stiftung finanziert werden sowie wissenschaftliche Projekte, Tagungen und Veröffentlichungen.

Der Förderung von wissenschaftlich und technisch besonders interessierten und begabten jungen Menschen weiß sich auch die Claussen-Stiftung verpflichtet. Sie wurde im Jahr 1981 von Georg W. Claussen, dem Vor-

sitzenden des Aufsichtsrates der in Hamburg ansässigen Beiersdorf AG, errichtet, als das Unternehmen ebenfalls seinen hundertsten Geburtstag feierte. Der Stifter stellte ein Startkapital von 500 000 DM bereit, die Beiersdorf AG gab im Jubiläumsjahr eine Million DM zusätzlich.
Das Beispiel der Industrie- und Handelskammer Regensburg zeigt, daß 100 000 DM für die Dotation einer Stiftung ausreichen können. Zum 125jährigen Jubiläum der Kammer im Jahre 1967 beschloß deren Vollversammlung, einen Stiftungsfonds zugunsten der neu gegründeten Universität Regensburg zu bilden. Aus den Erträgen werden wissenschaftliche Projekte an der Universität unterstützt, wobei ökonomische Fragestellungen mit regionalpolitischen Aspekten im Vordergrund von Förderungsinitiativen stehen. Auf diese Weise soll es der noch jungen Universität ermöglicht werden, sich durch besondere Forschungs- und Lehrleistungen im Kreis der etablierten Hochschulen zu profilieren. Der Stiftungsfonds ist ein gelungenes Beispiel des Miteinanders von Wirtschaft und Wissenschaft in einer Region.

Lebenswerk erhalten

Die Überlegung, eine Stiftung zu errichten, ist oft schon viele Jahr lebendig, bevor sie realisiert wird. Aktuell wird dieser Gedanke häufig erst, wenn Privatpersonen vor der Frage stehen: Was soll mit meinem Vermögen geschehen, wenn ich einmal nicht mehr bin? Der „klassische Fall“ ist der Vermögensbesitzer, der keine Kinder hat. In manch einem Fall mag auch die Überlegung maßgebend sein, ein in Generationen aufgebautes Vermögen oder Unternehmen durch die stiftungsrechtliche Bindung an einen guten Zweck vor der Zersplitterung durch Erbteilung oder der Verschuldung durch hohe Erbschaftsteuern zu bewahren. Die Namen Robert Bosch und Alfried Krupp von Bohlen und Halbach stehen für diese Gedanken Pate. Die von ihnen initiierten und nach ihnen benannten Stiftungen sind keine gemeinnützigen Anhängsel von traditionsreichen Industrieunternehmen, sondern deren Hauptgesellschafter.

Robert Bosch (1861—1942) hat mit seiner testamentarischen Verfügung sowohl die Unabhängigkeit und Wirtschaftskraft des von ihm aufgebauten Unternehmens sichern als auch dessen Ertrag für die Allgemeinheit bestimmen wollen. So liegen heute die Geschäftsanteile der Robert Bosch GmbH zu 90 Prozent bei der gemeinnützigen Robert Bosch Stiftung, die sich mit durchschnittlichen jährlichen Ausgaben von zuletzt 25 Millionen DM vor allem der Gesundheits- und Wohlfahrtspflege, Bildung und Erziehung sowie der Völkerverständigung verschrieben hat.

Seit dem Tode von Alfried Krupp von Bohlen und Halbach im Jahr 1967, dem Urenkel des legendären Ruhrbarons Alfred Krupp, ist die von ihm testamentarisch errichtete Stiftung Hauptgesellschafter der Fried. Krupp GmbH. 74,99 Prozent der Anteile des Investitionsgüter-Konzerns befinden sich heute in ihrem Besitz. Dem Willen des Stifters gemäß werden die Gelder, die der Stiftung aus den anteiligen Ausschüttungen des Unternehmens zufließen, für die Förderung des Erziehungs-, Bildungs- und Gesundheitswesens, der Wissenschaft, des Sports und der Kunst verwendet. Über 300 Millionen DM sind bislang für diese Zwecke ausgegeben worden. Förderungsschwerpunkte bilden dabei die Medizin, insbesondere das Krupp-Krankenhaus in Essen, und energiewissenschaftliche Forschungsvorhaben.

Welches auch immer die einzelnen emotionalen und rationalen Motivationen bei der Errichtung einer gemeinnützigen Stiftung sein mögen: Stifter wollen in die Zukunft hineinwirken oder Vergangenes bewahren, etwas in Gang setzen oder vor dem Untergang retten und darin so etwas wie die Erfüllung ihres Lebens finden. Es gibt allerdings nicht wenige bei uns, die hinter dem guten Werk die böse Absicht vermuten: schlechtes Gewissen vielleicht, Geltungssucht bestimmt, Steuerbegünstigung allemal.
Dabei kompensiert die Steuerersparnis im Höchstfall Zweidrittel des Kapitals, das der Stifter für einen guten Zweck bereitstellt und auf eine neu geschaffene Rechtsperson überträgt. Er gibt in jedem Fall unwiderruflich mehr hin als er an Steuern spart und leistet somit mehr für das Gemeinwohl, als wenn er nur ein „braver Steuerzahler" geblieben wäre. Maßgebendes Motiv für die Errichtung von Stiftungen kann folglich nicht die Reduzierung der Einkommen- bzw. Körperschaftsteuer oder gar das Einsparen der Schenkungs- oder Erbschaftsteuer sein. Es ist vielmehr der Wunsch, das Privatvermögen einem selbst gewählten gemeinnützigen Zweck auf Dauer zugute kommen zu lassen.

Was das schlechte Gewissen von Stiftern betrifft: Wenn Einzelpersonen, Unternehmungen und Institutionen einen Teil ihres wirtschaftlichen Erfolgs für gemeinnützige Zwecke zur Verfügung stellen, so mag dies in der Tat im „schlechten Gewissen" begründet sein, wenn man darunter das soziale Verantwortungsbewußtsein der Wohlhabenden für weniger Begüterte versteht. Was Neider in diesem Zusammenhang oft nicht sehen oder sehen wollen ist, daß sich die Stifter, die durch ihrer Hände Arbeit oder Erbschaft zu Wohlstand und Reichtum gelangt sind, aus freien Stücken dem allgemeinen Nutzen verpflichtet fühlen. Freilich führt das Verschweigen der guten Tat, was in bürgerlichen Kreisen der Bundesrepublik zum Teil noch immer als „Frage des guten Stils" gesehen wird, dazu, daß die Öffentlichkeit kaum etwas von ihren Mäzenen erfährt und auch deshalb zähe Vorurteile gegen den Reichtum und „die Reichen" hegt.

Es bleibt der Vorwurf der Geltungssucht. Wer ihn erhebt, weiß offenbar nicht, daß viele bedeutende Stifter, wie die Hamburger Multimillionäre Kurt Körber und Alfred C. Toepfer, stets bescheidene Menschen geblieben sind. „So sucht man", wie der Altbundeskanzler Helmut Schmidt berichtet, „bei Körber vergeblich nach irgendwelchem Luxus in der Lebensführung." Über Alfred C. Toepfer wußte Kurt Körber 1981 mitzuteilen: „Wenn der agile und schlanke 85jährige Fluggast mit der abgetragenen Reisetasche auf seinen vielen Flügen grundsätzlich nur auf billigen Plätzen reist, dann nicht etwa deshalb, weil er sich die Erste Klasse nicht leisten könnte. Nein, er könnte es, könnte sich sogar eine Privatflotte mit komfortabelsten Jets leisten. Er tut es nicht; nicht nur aus Sparsamkeit, vielmehr ist ihm ein Leben, wie es die High Society führt, zuwider. Derartiges paßt nicht zu seinem Lebensstil, nicht zu seiner selbstgewählten Verpflichtung gegenüber der Gesellschaft."

Geltungssucht ist gewiß nicht das Motiv, das Mäzene wie Toepfer und Körber veranlaßt, Gutes zu tun. Ihre Werke haben Geltung und ehren den Stifter, auch wenn staatliche und gesellschaftliche Anerkennung oftmals lange auf sich warten lassen. Die ersten Stifter in Griechenland vor sechstausend Jahren hatten es da offensichtlich besser: Zahlreiche Ehrendekrete sind überliefert, die Stifter als Dank für ihre Leistungen zum Wohl der Allgemeinheit erhielten.

Das Recht des Stifters auf gesellschaftliche Anerkennung durch seine Mitbürger und den Staat ist heute mehr denn je in Vergessenheit geraten, ja bei manch einem verpönt. Erinnern wir uns, welcher Diskussionen und Aufgeregtheiten es bedurfte, bis der Kunstmäzen Peter Ludwig vor einigen Jahren „sein Museum" in Köln erhielt. Und dies in einer Stadt, die kunstverständigen Bürgern wie Ferdinand Franz Wallraf, Johann Heinrich Richartz, Alexander Schnütgen, Adele Rautenstrauch und Wilhelm Joest bereits Museen von überregionaler, ja zum Teil Weltgeltung verdankt und diese — freilich vor vielen Jahren — wie selbstverständlich nach den Gönnern benannte. Warum ist dies heute manchmal so schwierig?

Nachwort

Bundeskanzler Helmut Kohl sagte in seiner Regierungserklärung vom 18. März 1987: „Wir müssen den Freiraum für gemeinnütziges Handeln erweitern, damit Bürger sich an der Lösung von Problemen der Gemeinschaft durch die Errichtung von Stiftungen beteiligen. Stifter sind Partner bei der Bewältigung von Zukunftsaufgaben der Gemeinschaft. Dem müssen die steuerlichen Voraussetzungen Rechnung tragen."

Eine Verbesserung der steuerlichen Rahmenbedingungen für die Errichtung und die Arbeit von gemeinnützigen Stiftungen haben die Arbeitsgemeinschaft Deutscher Stiftungen und der Stifterverband für die Deutsche Wissenschaft seit langem gefordert. Sie wollen die durch die Körperschaftsteuerreform von 1977 erfolgte Benachteiligung von Erträgen aus Beteiligungen an Kapitalgesellschaften (Dividenden auf Aktien, Ausschüttungen auf GmbH-Anteile) beseitigt wissen. Denn gemeinnützige Stiftungen kommen aufgrund ihrer Steuerbefreiung nicht in den Genuß der Anrechnung bzw. Vergütung der körperschaftsteuerlichen Ausschüttungsbelastung. Das führt zwangsläufig gegenüber vielen steuerpflichtigen Aktionären zu Mindereinnahmen.

Auch verdient — neben weiteren Forderungen — der Wunsch nach Übernahme eines Teils der in den Vereinigten Staaten geltenden steuerlichen Regelungen Beachtung:

□ Die Erhöhung der steuerlichen Abzugsfähigkeit der Erstdotation einer Stiftung. Die bisherigen Höchstgrenzen der Abzugsfähigkeit für Gelder zugunsten gemeinnütziger Zwecke haben sich in der Praxis für Spenden, nicht jedoch für die Vermögensausstattung von Stiftungen, als ausreichend erwiesen. Der Stifter kann im Vergleich zu seinem Einkommen außergewöhnlich hohe Zuwendungen im Jahr der Errichtung einer gemeinnützigen Stiftung nur bis zu fünf, höchstens jedoch zehn Prozent bei einer Wissenschafts- oder Kulturstiftung absetzen. In den USA ist es hingegen möglich, eine größere Vermögenszuwendung beim Stifter einkommensteuerlich auf mehrere Jahre zu verteilen.

- ☐ Verbesserungen der Voraussetzungen für die Beteiligung an „endowments". Die deutsche Finanzverwaltung vertritt zur Zeit noch den Standpunkt, daß Fördermittel zeitnah für satzungsmäßige Stiftungszwecke verwendet werden müssen. Ferner dürfen die der zeitnahen Verwendungspflicht unterliegenden Mittel nicht dem Vermögen des Empfängers zugeführt werden. Wenn nach amerikanischem Muster die Ansammlung eines Kapitalbetrags (endowments) zugelassen würde, könnten aus dessen Verzinsung Vorhaben wie die Einrichtung von Stiftungsprofessuren an wissenschaftlichen Hochschulen auf Dauer aus privaten Mitteln finanziert werden.

Bei allen Bemühungen um eine Verbesserung der steuerlichen Voraussetzungen für die Errichtung und die Arbeit von Stiftungen darf nicht übersehen werden, daß auch die ethischen Rahmenbedingungen besondere Aufmerksamkeit verdienen. Hier sind vor allem Presse, Rundfunk und Fernsehen aufgerufen, Mäzene nicht zu verteufeln, sondern zu zeigen,wie sie trotz al-

ler dem Menschen eigenen Schwächen wirklich sind: bereit zur Umverteilung von privatem Vermögen auf die neue Rechtsperson „gemeinnützige Stiftung“.
Durch eine kontinuierliche Berichterstattung über die Arbeit der privaten Stiftungen müssen diese als Teil und als Garant einer pluralen Gesellschaftsordnung stärker ins Bewußtsein einer breiten Öffentlichkeit gerückt werden. Ein demokratischer Staat ist um so freiheitlicher, je mehr Bürger sich für ihn und die Mitbürger verantwortlich fühlen. Verantwortung aber bedeutet, sowohl ideell als auch materiell für eigene Ideen und für Nöte anderer einzustehen. Ein lebendiges Gemeinwesen braucht aktive Mitdenker und Mitgestalter, nicht nur passive Steuerzahler. Und auch dies ist am Beispiel der USA lernbar: Nicht jede öffentliche Aufgabe ist zugleich eine staatliche!

Anhang

*Stiftungsgeschäft (unter Lebenden)**

Ich, der Unterzeichner A, derzeit wohnhaft in ... (Ort, Straße) errichte hierdurch unter Lebenden, unter Bezugnahme auf das Stiftungsgesetz des Bundeslandes ..., die rechtsfähige A-Stiftung mit Sitz in ... (Ort). Zweck der Stiftung soll die finanzielle Förderung von ... sein. Ich sichere der Stiftung folgendes Vermögen zu:

1. ... Deutsche Mark in bar,
2. ... Stammaktien der X-AG in ... (Ort) zum Nennbetrag von jeweils Tausend Deutsche Mark.

Die Stiftung soll verwaltet werden durch einen aus drei bis fünf Personen bestehenden Vorstand. Für ein Amt im Vorstand benenne ich folgende Persönlichkeiten: 1. ..., 2. ..., 3. Auf Lebenszeit werde ich dem Stiftungsvorstand als Vorsitzender angehören. Ich gebe der Stiftung hiermit die beigefügte Satzung.

... (Ort), den ...

...
(Unterschrift A)

* Diese und nachfolgende Musterformulierungen wurden dankenswerterweise von Dr. Klaus Neuhoff, Berater im Stiftungszentrum des Stifterverbandes für die Deutsche Wissenschaft, zur Verfügung gestellt.

Stiftungsgeschäft (von Todes wegen — Testament)

Zu meinem Alleinerben bestimme ich, A aus . . . (Ort, Straße), die hiermit errichtete A-Stiftung. Diese soll als rechtsfähige Stiftung nach dem Stiftungsgesetz des Bundeslandes . . . genehmigt werden und ihren Sitz in . . . (Ort) haben. Zweck der A-Stiftung soll die Förderung der . . . sein. Sie soll durch ein aus drei Personen bestehendes Kuratorium verwaltet werden, darunter ein Hochschullehrer der . . . (Disziplin) an der Universität in . . . (Ort).
Ich ordne Testamentsvollstreckung an. Zum Testamentsvollstrecker ernenne ich Herrn B . . . (Ort, Straße). Der Testamentsvollstrecker soll eine Stiftungssatzung ausfertigen, das Genehmigungsverfahren betreiben und die ersten Kuratoren berufen. Er selbst ist hiermit auf Lebenszeit als Vorsitzender des Kuratoriums eingesetzt.
Ich setze folgende Vermächtnisse aus: 1. Das Deutsche Rote Kreuz e. V. in . . . (Ort) erhält DM . . . , 2. . . .
Der A-Stiftung als meinem Erben erlege ich auf, das Familiengrab auf dem Waldfriedhof in . . . (Ort) für die Dauer der vollen Ruhezeit zu schmücken und zu pflegen.

. . . (Ort), den . . .

. . .
(Unterschrift A)

Stiftungssatzung

§ 1 Name, Rechtsform, Sitz der Stiftung

(1) Die Stiftung führt den Namen A-Stiftung zur Förderung der ...

(2) Sie ist eine rechtsfähige Stiftung des bürgerlichen Rechts mit Sitz in ... (Ort).

§ 2 Stiftungszweck(e)

(1) Zweck der Stiftung ist die Förderung der ...

(2) ...

(3) Diese(r) Zweck(e) soll(en) insbesondere verwirklicht werden durch

a) die Unterstützung von ...,

b) die Förderung des ...

§ 3 Gemeinnützigkeit

(1) Die Stiftung verfolgt steuerbegünstigte Zwecke im Sinne der §§ 51—68 der Abgabenordnung. Sie verfolgt ihre gemeinnützigen Zwecke in selbstloser Absicht ausschließlich und unmittelbar.

(2) Eigenwirtschaftliche Zwecke dürfen (sollen) nicht verfolgt werden. Die Mittel der Stiftung dürfen nur für ihre satzungsmäßigen Zwecke verwendet werden. Es darf keine Person durch Ausgaben, die dem Stiftungszweck fremd sind oder durch unverhältnismäßig hohe Vergütungen oder sonstige Vermögenszuwendungen begünstigt werden.

§ 4 Stiftungsvermögen

(1) Das Stiftungsvermögen beträgt (zunächst) DM . . . Im Interesse des langfristigen Bestandes der Stiftung ist es ungeschmälert und in seinem Substanzwert zu erhalten. Zu diesem Zweck kann die Stiftung im Rahmen des steuerrechtlich Zulässigen Teile der jährlichen Erträge dem Stiftungsvermögen zuschlagen bzw. in eine freie Rücklage einstellen.

(2) Dem Stiftungsvermögen wachsen eventuelle Zuwendungen des Stifters oder Dritter zu, die ausdrücklich dazu bestimmt sind (Zustiftungen).

§ 5 Mittelverwendung, Geschäftsjahr

(1) Die Stiftung erfüllt ihre(n) Zweck(e) aus den nach Admassierung bzw. Rücklagendotierung verbleibenden Erträgen des Stiftungsvermögens und aus dazu bestimmten Zuwendungen des Stifters bzw. Dritter (Spenden).

(2) Das Geschäftsjahr ist das Kalenderjahr.

§ 6 Vorstand/Kuratorium

(1) Einziges Organ der Stiftung ist der Vorstand/das Kuratorium.

(2) Die Mitglieder des Vorstandes/Kuratoriums sind ehrenamtlich tätig. Sie haben Anspruch auf Ersatz der ihnen entstandenen Kosten.

(3) Der Vorstand ist berechtigt, eine dem Umfang des Tagesgeschäfts entsprechende nebenamtliche Geschäftsführung zu bestellen.

§ 7 Mitgliederzahl, Amtszeit des Vorstandes/Kuratoriums

(1) Der Vorstand/das Kuratorium besteht aus drei (drei bis fünf) Mitgliedern. Der erste Vorstand/das erste Kuratorium wird vom Stifter bestellt; danach ergänzt sich der Vorstand/das Kuratorium beim Ausscheiden einzelner Mitglieder durch Zuwahl seitens der verbliebenen Mitglieder. Der Stifter gehört dem Vorstand/Kuratorium auf Lebenszeit an.

(2) Die Mitglieder des Vorstandes/Kuratoriums werden auf drei (fünf) Jahre bestellt. Zweimalige (einmalige) Wiederwahl ist zulässig. Mit Vollendung des 70. Lebensjahres scheidet ein Vorstandsmitglied/Kurator automatisch aus seinem Amt aus.

(3) Der Vorstand/das Kuratorium wählt aus seiner Mitte einen Vorsitzenden und einen stellvertretenden Vorsitzenden. Er/es sollte mindestens einmal im Jahr zusammentreten.

§ 8 Rechte und Pflichten des Vorstands/Kuratoriums

(1) Der Vorstand/das Kuratorium vertritt die Stiftung gerichtlich und außergerichtlich; er/es hat die Stellung eines gesetzlichen Vertreters und handelt durch seinen Vorsitzenden oder stellvertretenden Vorsitzenden zusammen mit einem weiteren Vorstandsmitglied/Kurator.

(2) Der Vorstand/das Kuratorium verwaltet die Stiftung und führt den Willen des Stifters aus. Dazu gehören insbesondere
   a) die Verwaltung des Stiftungsvermögens,
   b) die Beschlußfassung über die Vergabe der Stiftungsmittel,
   c) die Berichterstattung über die Tätigkeit der Stiftung und die entsprechende Rechenschaftslegung,
   d) ggf. die Bestellung einer nebenamtlichen Geschäftsführung einschließlich Erlaß einer diesbezüglichen Geschäftsordnung.

§ 9 Beschlußfassung

(1) Der Vorstand/das Kuratorium ist beschlußfähig, wenn mindestens die Hälfte seiner Mitglieder einschließlich des Vorsitzenden oder des stellvertretenden Vorsitzenden anwesend ist. Beschlüsse kommen mit einfacher Mehrheit der abgegebenen Stimmen zustande. Bei Stimmengleichheit entscheidet die Stimme des Vorsitzenden, in seiner Abwesenheit die des stellvertretenden Vorsitzenden.

(2) Zu Sitzungen wird mit einer Frist von drei Wochen unter Nennung der Tagesordnung schriftlich eingeladen.

(3) Beschlüsse über die Art der Zweckverfolgung können auf Verlangen des jeweiligen Vorsitzenden auch im schriftlichen Verfahren gefaßt werden. Zu ihrer Gültigkeit ist die Teilnahme aller Vorstandsmitglieder/Kuratoren am Abstimmungsverfahren notwen-

dig. Bei schriftlichen Abstimmungen gilt Schweigen innerhalb von vier Wochen seit Aufforderung zur Abstimmung als Ablehnung. Der Vorsitzende fertigt ein Abstimmungsprotokoll an, das allen Mitgliedern unverzüglich zuzusenden ist.

§ 10 Satzungsänderungen, Auflösung

(1) Wird die Erfüllung des(r) Stifungszwecks(e) unmöglich oder erscheint sie angesichts wesentlicher Veränderung der Verhältnisse nicht mehr sinnvoll, so kann der Vorstand/das Kuratorium der Stiftung durch einstimmigen Beschluß einen neuen, dem alten möglichst nahekommenden Zweck geben.

(2) Für den Beschluß über eine Zusammenlegung mit einer anderen Stiftung oder über die Auflösung der Stiftung gilt das gleiche.

(3) Bei der Auflösung oder Aufhebung der Stiftung fällt das verbleibende Vermögen an . . ., der es unmittelbar und ausschließlich für Zwecke gemäß § 2 oder diesen so nahe wie möglich kommende Zwecke zu verwenden hat.

§ 11 Aufsicht

(1) Stiftungsaufsichtsbehörde ist . . . in . . . (Ort).

(2) Der Stiftungsaufsichtsbehörde ist unaufgefordert ein Jahresabschluß vorzulegen.

(3) Satzungsänderungen werden erst nach Genehmigung durch die zuständige Behörde wirksam.

(4) Unabhängig von den sich aus dem Stiftungsgesetz ergebenden Genehmigungspflichten sind Beschlüsse über Satzungsänderungen, eine Zusammenlegung der Stiftung mit einer anderen Stiftung und die Auflösung der Stiftung dem zuständigen Finanzamt anzuzeigen. Für die Wirksamkeit von Zweckänderungen bzw. für die Bestimmung eines neuen nach Wegfall des bisherigen Zwecks (§ 2) ist eine Einwilligung dieser Behörde nötig.

...

(Unterschrift A)

Antrag bei der zuständigen Behörde auf Genehmigung einer Stiftung

Sehr geehrte Damen und Herren,
beigefügt finden Sie ein von mir ausgefertigtes Stiftungsgeschäft, auf die Errichtung der gemeinnützigen A-Stiftung abzielend. Eine von mir formulierte Stiftungssatzung ist dem Schreiben angehängt.
Ich versichere hiermit, daß das der Stiftung zugesicherte Vermögen im Falle der Genehmigung dieser zur Verfügung stehen wird. Das Vermögen ist weder belastet, noch gibt es Pflichtteilsberechtigte.
Mit dem zuständigen Finanzamt in . . . (Ort) ist die vorliegende Satzung der Stiftung abgestimmt worden; Einwendungen dagegen bestehen seitens dieser Behörde nicht (s. beigefügte Kopie des diesbezüglichen Schreibens vom . . .).
Ich beantrage hiermit aufgrund der eingereichten Unterlagen die Genehmigung der von mir geplanten A-Stiftung mit Sitz in . . . (Ort). Zu weiteren Auskünften in dieser Angelegenheit stehe ich gerne zur Verfügung.

. . . (Ort), den . . .

. . .
(Unterschrift A)

Anlagen
— Stiftungsgeschäft
— Stiftungssatzung
— Schreiben des Finanzamts in . . . (Ort)

Kontaktanschriften

Arbeitsgemeinschaft Deutscher Stiftungen
Adenauer Allee 15, 5300 Bonn 1

Förderverband Kunststiftungen e. V.
Colmantstraße 34, 5300 Bonn 1

Stifterverband für die Deutsche Wissenschaft
— Stiftungszentrum* —
Brucker Holt 56—60, 4300 Essen 1

Genehmigungsbehörden
Anträge auf staatliche Genehmigung von rechtsfähigen Stiftungen sind in den Bundesländern Baden-Württemberg, Bayern, Hessen, Niedersachsen, Nordrhein-Westfalen und Rheinland-Pfalz bei den Regierungspräsidenten/Bezirksregierungen zu stellen. In Berlin ist für solche Anträge zuständig der Senator für Justiz, in Hamburg die Senatskanzlei und in Bremen, im Saarland sowie in Schleswig-Holstein der Senator/Minister des Innern.

* Beratung bei der Errichtung von Stiftungen in Rechts- und Steuerfragen, bei der Stiftungsorganisation und Zweckbestimmung. Verwaltung von wissenschaftsorientierten Stiftungen als Treuhänder.

Auswahlbibliographie

Arbeitsgemeinschaft Deutscher Stiftungen (Hrsg.): Errichtung einer Stiftung. Handreichung für Stifter, Hannover 1985.

Blätter der Wohlfahrtspflege, 1/1977 (Schwerpunktheft „Stiftungen").

Bruhn, Manfred: Sponsoring. Unternehmen als Mäzene und Sponsoren, Frankfurt/Main und Wiesbaden 1987.

Deutsche Universitäts-Zeitung (DUZ), 10/1981 und 1,2/1987 (Schwerpunkthefte „Stiftungen").

Flitner, Hugbert: Stiftungsprofile. Berichte aus der Arbeit amerikanischer und europäischer Stiftungen, Baden-Baden 1972.

Frowein, Jochen Abr.: Grundrecht auf Stiftung, Essen 1976.

Karpen, Ulrich: Gemeinnützige Stiftungen im pluralistischen Rechtsstaat. Neuere Entwicklungen des amerikanischen und deutschen Stiftungs(steuer-)rechts, Frankfurt/Main 1980.

Kreckel, Manfred: Die offene Hand. Mäzene in Deutschland, in: WESTERMANN'S, 11/1986 — 2/1987 (4 Teile).

Kuhnke, Hans-Helmut/*Maier,* Hans: Stiftungen und Geschichte. Zwei Beiträge zu ihrem wechselseitigen Verhältnis, Essen 1980.

Lebensbilder deutscher Stiftungen, Bd. 1, Köln 1970, Bde. 2—5, Tübingen 1971 ff.

Liermann, Hans: Handbuch des Stiftungsrechts, Bd. 1: Geschichte des Stiftungsrechts, Tübingen 1963.

Mannzmann, Anneliese: Griechische Stiftungsurkunden. Studie zu Inhalt und Rechtsform, Münster 1962.

Neuhoff, Klaus: Neue Entwicklungen im amerikanischen Stiftungswesen. Ein Beitrag zur Reform des Stiftungsrechts, Essen 1975.

Ders.: Amerikanische Stiftungen. Organisation, Kapitalverhältnisse und Arbeitsweise, Baden-Baden 1968.

Ders./Schindler, Ambros/*Zwingmann,* Hans-Jürgen: Stiftungshandbuch, Baden-Baden 1983.

Schiller, Theo: Stiftungen im gesellschaftlichen Prozeß. Ein politikwissenschaftlicher Beitrag zu Recht, Soziologie und Sozialgeschichte der Stiftungen in Deutschland, Baden-Baden 1969.

Seifart, Werner (Hrsg.): Handbuch des Stiftungsrechts, München 1987.

Stone, Shepard: Möglichkeiten und Grenzen der Stiftungen, Berlin 1964.

Trend. Zeitschrift für soziale Marktwirtschaft, 28/1986 (mit Beiträgen von Hansjörg Häfele, Kurt Kreuser, Werner Seifart, Horst Niemeyer).

TEXTE + THESEN

LIEFERBARE TITEL

Politik

Fromme, Friedrich K.
Der Parlamentarier — ein Freier Beruf?
ISBN 3-7201-5103-4 12,-

Gysling, Erich
Arabiens Uhren gehen anders
Eigendynamik und Weltpolitik in Nahost
ISBN 3-7201-5149-2 14,-

Heck, Bruno
Vaterland Bundesrepublik?
ISBN 3-7201-5174-3 14,-

Hellmer, Joachim
Anpassung oder Widerstand?
Der Bürger als Souverän —
Grenzen staatlicher Disziplinierung
ISBN 3-7201-5201-4 14,-

Hillgruber, A./Hildebrand, K.
Kalkül zwischen Macht und Ideologie
Der Hitler-Stalin-Pakt:
Parallelen bis heute?
ISBN 3-7201-5125-5 12,-

Höpker, Wolfgang
Aktionsfeld Pazifik
Politik, Wirtschaft, Strategie
ISBN 3-7201-5112-3 12,-

Höpker, Wolfgang
Sozialistische Internationale
Aufschluß über eine unbekannte Größe
ISBN 3-7201-5148-4 14,-

Kirsch, Botho
Kalter Friede — was nun?
Die Konfliktstrategie der Sowjets
ISBN 3-7729-5053-1 9,-

Kirsch, Botho
Westdrall — Ostdrift
Wie selbständig darf deutsche Politik sein?
ISBN 3-7201-5184-0 14,-

Kisielewski, Stefan
Polen — oder die Herrschaft der Dilettanten
Sozialismus und Wirtschaftspraxis
ISBN 3-7201-5111-5 12,-

Langguth, Gerd
Der grüne Faktor
Von der Bewegung zur Partei?
ISBN 3-7201-5169 -7 14,-

Laufer, Heinz
Bürokratisierte Demokratie
ISBN 3-7201-5157-3 14,-

Lendvai, Paul
Das einsame Albanien
Reportage aus dem Land der Skipetaren
ISBN 3-7201-5177-8 14,-

Lendvai, Paul
Das eigenwillige Ungarn
Innenansichten eines Grenzgängers
ISBN 3-7201-5195-6 14,-

Lobkowicz, Nikolaus
Marxismus und Machtergreifung
Der kommunistische Weg zur Herrschaft
ISBN 3-7201-5101-8 12,-

Meissner, Boris
Sowjetische Kurskorrekturen
Breshnew und seine Erben
ISBN 3-7201-5168-9 14,-

Oberreuter, Heinrich
Kann der Parlamentarismus überleben?
Bund, Länder, Europa
ISBN 3-7201-5093-3 9,-

Oberreuter, Heinrich
Übermacht der Medien
Erstickt die demokratische Kommunikation?
ISBN 3-7201-5144-1 14,-

Oberreuter, Heinrich
Parteien — zwischen Nestwärme und Funktionskälte
ISBN 3-7201-5165-4 14,-

Oberreuter, Heinrich
Stimmungsdemokratie
Strömungen im politischen Bewußtsein
ISBN 3-7201-5205-7 14,-

Ortlieb, H.-D./Lösch, D.
Was wird aus Südafrika?
Ein Subkontinent sucht den lenkbaren Wandel
ISBN 3-7201-5187-5 14,-

Pauls, Rolf F.
Rettet uns die Rüstungspolitik?
Sicherheit am Ende eines unsicheren Jahrhunderts
ISBN 3-7201-5152-2 14,-

Roegele, Otto B.
Medienpolitik — und wie man sie macht
ISBN 3-7729-5040-X 9,-

Rühle, Hans
Angriff auf die Volksseele
Über Pazifismus zum Weltfrieden?
ISBN 3-7201-5175-1 14,-

Rüthers, Bernd
Grauzone Arbeitsrechtspolitik
ISBN 3-7201-5190-5 14,-

Rüthers, Bernd
Wir denken die Rechtsbegriffe um . . .
Weltanschauung als Auslegungsprinzip
ISBN 3-7201-5199-9 14,-

Scheuch, Ute und Erwin K.
China und Indien
Eine soziologische Landvermessung
ISBN 3-7201-5196-4 14,-

Schlosser, Günter
Briefe vom Kap
Ein Deutscher über seine Wahlheimat Südafrika
ISBN 3-7201-5193-X 14,-

Sontheimer, Kurt
Der unbehagliche Bürger
Vom deutschen Umgang mit der Demokratie
ISBN 3-7201-5122-0 12,-

Ströbinger, Rudolf
Roter Kolonialismus
Minderheiten im Ostblock
ISBN 3-7201-5131-X 12,-

Ströbinger, Rudolf
Poker um Prag
Die frühen Folgen von Jalta
ISBN 3-7201-5181-6 14,-

Veen/Meissner/Domes/Kux/Mertes
Wandel im Kommunismus
ISBN 3-7201-5114-X 12,-

Weidenfeld, Werner
Ratlose Normalität
Die Deutschen auf der Suche nach sich selbst
ISBN 3-7201-5172-7 14,-

Wingen, Max
Kinder in der Industriegesellschaft — wozu?
Analysen — Perspektiven — Kurskorrekturen
ISBN 3-7201-5146-8 14,-

Zimmermann, Ekkart
Massen-Mobilisierung
Protest als politische Gewalt
ISBN 3-7201-5163-8 14,-

Zöller, Michael, Hrsg.
Aufklärung heute
Bedingungen unserer Freiheit
ISBN 3-7201-5126-3 12,-

Wirtschaft

Andreae, Clemens-August
Vom Boß zum Partner
ISBN 3-7201-5154-9 14,-

Huppert, Walter
Sozialpolitik — Stolz der Nation
Bedenkliche Folgen des Wohlfahrtsstaates
ISBN 3-7201-5145-X 12,-

Jenny, Hans
Das neue Afrika
Kontinent im Umbruch
ISBN 3-7201-5127-1 12,-

Jungblut, Michael
Je mehr er hat, je mehr er will . . .
Über soziale und
wirtschaftliche Machbarkeiten
ISBN 3-7201-5133-6 14,-

Kirsch, Botho
Zwischen Marx und Murks
So wirtschaftet der Osten
ISBN 3-7201-5123-9 14,-

Obst, Werner
Reiz der Idee — Pleite der Praxis
Ein deutsch-deutscher Wirtschaftsvergleich
ISBN 3-7201-5158-1 14,-

Pentzlin, Heinz
Arbeitslos — Los der Zukunft?
ISBN 3-7201-5085-2 9,-

Rüthers, Bernd
Die offene ArbeitsGesellschaft
Regeln für soziale Beweglichkeit
ISBN 3-7201-5186-7 14,-

Schoeck, Helmut
Ist Leistung unanständig?
ISBN 3-7729-5013-2 9,-

Theobald, Adolf
Das Ökosozialprodukt
Lebensqualität als Volkseinkommen
ISBN 3-7201-5185-9 14,-

Zeller, Willy
Die unvollendete Union
Qualitätsmängel der Europäischen Gemeinschaft
ISBN 3-7201-5092-5 9,-

Gesellschaft

Burens, Peter-Claus
Stifter als Anstifter
Vom Nutzen privater Initiativen
ISBN 3-7201-5200-6 14,-

Fisch, Mascha M.
Zwischen Abenteuer und Frust
Frauen in ungewöhnlichen Berufen
ISBN 3-7201-5173-5 14,-

Grupe, Ommo
Sport als Kultur
ISBN 3-7201-5198-0 14,-

Haag, Herbert
Bewegungskultur und Freizeit
Vom Grundbedürfnis nach Sport und Spiel
ISBN 3-7201-5188-3 14,-

Helbling, Hanno, Hrsg.
Religionsfreiheit im 20. Jahrhundert
ISBN 3-7201-5094-1 9,-

Hellmer, Joachim
Verdirbt die Gesellschaft?
Kriminalität als
zwischenmenschliches Verhalten
ISBN 3-7201-5132-8 14,-

Höfer, Max A.
Zwischen Lustprinzip und Ökoaskese
Aufbruch in eine konservative Neuzeit?
ISBN 3-7201-5203-0 14,-

Höhler, Gertrud
Gesinnungskonkurrenz der Intellektuellen
ISBN 3-7201-5106-9 12,-

Hölder, Egon
Durchblick ohne Einblick
Die amtliche Statistik zwischen Datennot
und Datenschutz
ISBN 3-7201-5179-4 14,-

Hofstätter, Peter R.
Bedingungen der Zufriedenheit
ISBN 3-7201-5192-1 14,-

Klose, Werner
Stafetten-Wechsel
Fünf Generationen formen unsere Welt
ISBN 3-7201-5160-3 14,-

Lehr, Ursula
Ist Frauenarbeit schädlich?
Im Spannungsfeld von Familie und Beruf
ISBN 3-7201-5116-6 12,-

Lenk, Hans
Eigenleistung
Plädoyer für eine positive Leistungskultur
ISBN 3-7201-5164-6 14,-

Lenk, Hans
Die achte Kunst
Leistungssport — Breitensport
ISBN 3-7201-5176-X 14,-

Leuenberger, Theodor
Lebenskonzepte: Brauchen wir veränderte Leitbilder?
ISBN 3-7201-5139-5 12,-

Lindner, Roland, Hrsg.
Verspielen wir die Zukunft?
Gespräche über Technik und Glück
ISBN 3-7201-5150-6 14,-

Lobkowicz, N./Hertz, A.
Am Ende aller Religion?
Ein Streitgespräch
ISBN 3-7201-5077-1 9,-

Lübbe, Hermann
Zwischen Trend und Tradition
Überfordert uns die Gegenwart?
ISBN 3-7201-5136-0 14,-

Maier, Hans
Die Grundrechte des Menschen im modernen Staat
ISBN 3-7729-5036 -1 9,-

Mast, Claudia
Aufbruch ins Paradies?
Die Alternativbewegung und ihre Fragen
an die Gesellschaft
ISBN 3-7201-5124-7 12,-

Mast, Claudia
Zwischen Knopf und Kabel
Kommunikationstechnik für Wirtschaft
und Feierabend
ISBN 3-7201-5161-1 14,-

Meier-Bergfeld, Peter
Staats(ver)diener
Der öffentliche Dienst
ISBN 3-7201-5166-2 14,-

Meves, Christa
Werden wir ein Volk von Neurotikern?
Antrieb — Charakter — Erziehung
ISBN 3-7201-5081-X 14,-

Noelle-Neumann, Elisabeth
Werden wir alle Proletarier?
Wertewandel in unserer Gesellschaft
ISBN 3-7201-5102-6 12,-

Noelle-Neumann, Elisabeth
Eine demoskopische Deutschstunde
ISBN 3-7201-5155-7 14,-

Noelle-Neumann, Elisabeth/
Maier-Leibnitz, Heinz
Zweifel am Verstand
Das Irrationale als die neue Moral
ISBN 3-7201-5202-2 14,-

Piel, Edgar
Im Geflecht der kleinen Netze
Vom deutschen Rückzug ins Private
ISBN 3-7201-5197-2 14,-

Pourroy, Gustav Adolf
Das Prinzip Intrige
Über die gesellschaftliche Funktion eines Übels
ISBN 3-7201-5194-8 14,-

Roegele, Otto B.
Was wird aus dem gedruckten Wort?
Vom Lesen als Bürgerpflicht
ISBN 3-7201-5099-2 9,-

Roegele, Otto B.
Neugier als Laster und Tugend
ISBN 3-7201-5142-5 14,-

Schmitz-Moormann, Karl
Menschenwürde
Anspruch und Wirklichkeit
ISBN 3-7201-5117-4 12,-

Silbermann, Alphons
Der ungeliebte Jude
Zur Soziologie des Antisemitismus
ISBN 3-7201-5134-4 12,-

Silbermann, Alphons
Was ist jüdischer Geist?
Zur Identität der Juden
ISBN 3-7201-5167-0 14,-

Spann, Wolfgang
Justitia und die Ärzte
Leben, Gesundheit und Gesetz
ISBN 3-7201-5115-8 12,-

Usbeck, Ilse
Studenten-Muffel
Ratschläge für den Umgang mit einer
traurigen Generation
ISBN 3-7201-5153-0 14,-

Wilhelm, Theodor
Die Rede vom Partner
Über soziale Einstellungen der Zukunft
ISBN 3-7201-5129-8 12,-

Wingen, Max
Nichteheliche Lebensgemeinschaften
Formen — Motive — Folgen
ISBN 3-7201-5171-9 14,-

Wulffen, Barbara von
Zwischen Glück und Getto
Familie im Widerspruch zum Zeitgeist?
ISBN 3-7201-5128-X 14,-

Kultur/Bildung

Betz, Werner
Verändert Sprache die Welt?
Semantik, Politik und Manipulation
ISBN 3-7201-5097-6 9,-

Claus, Jürgen
Umweltkunst
Aufbruch in neue Wirklichkeiten
ISBN 3-7201-5151-4 14,-

Claus, Jürgen
Das elektronische Bauhaus
Gestaltung mit Umwelt
ISBN 3-7201-5204-9 14,-

Maier, Hans
Sprache und Politik
Essay über aktuelle Tendenzen —
Briefdialog mit Heinrich Böll
ISBN 3-7201-5080-1 9,-

Mensing, Wilhelm
Maulwürfe im Kulturbeet
DKP-Einfluß in Presse, Literatur und Kunst
ISBN 3-7201-5156-5 14,-

Nipperdey, Thomas, Hrsg.
Hochschulen zwischen Politik und Wahrheit
Sind die Reformen zu verkraften?
ISBN 3-7201-5140-9 12,-

Roellecke, Gerd
Wird das Falsche falsch studiert?
Vom Hintersinn der Studienreform
ISBN 3-7201-5118-2 12,-

Ross, Werner
Mit der linken Hand geschrieben . . .
Der deutsche Literaturbetrieb
ISBN 3-7201-5170-0 14,-

Rüegg, Walter, Hrsg.
Konkurrenz der Kopfarbeiter
Universitäten können besser sein:
Ein internationaler Vergleich
ISBN 3-7201-5**182**-4 14,-

Schmitt, Hatto H.
Vademecum für empörte Eltern
Absurdes aus der Schulpolitik
ISBN 3-7201-50**96**-8 9,-

Seel, Wolfgang
Das anstrengende Vorbild
Japan — vom Kindergarten
bis zur Industrieforschung
ISBN 3-7201-5**159**-X 14,-

Seel, Wolfgang
Bildungs-Egoismus
Alle wollen mehr
ISBN 3-7201-5**180**-8 14,-

Natur/Umwelt

Eberlein, Gerald L.
Maximierung der Erkenntnisse ohne sozialen Sinn?
Für eine wertbewußte Wissenschaft
ISBN 3-7201-5**206**-5 14,-

Hammer, Felix
Selbstzensur für Forscher?
Schwerpunkte einer Wissenschaftsethik
ISBN 3-7201-5**162**-X 14,-

Illies, Joachim
Nicht Tier, nicht Engel
Der Mensch zwischen Natur und Kultur
ISBN 3-7201-50**59**-3 9,-

Illies, Joachim
Der Mensch in der Schöpfung
Ein Naturwissenschaftler liest die Bibel
ISBN 3-7201-50**88**-7 9,-

Illies, Joachim
Schöpfung oder Evolution
Ein Naturwissenschaftler
zur Menschwerdung
ISBN 3-7201-5**121**-2 12,-

Illies, Joachim
Theologie der Sexualität
Die zweifache Herkunft der Liebe
ISBN 3-7201-5**135**-2 14,-

Langguth, Susanne
Food und Fakten
Wie sicher sind unsere Lebensmittel?
ISBN 3-7201-5**189**-1 14,-

Maier-Leibnitz, Heinz
An der Grenze zum Neuen
Rollenverteilung zwischen Forschern und
Politikern in der Gesellschaft
ISBN 3-7201-50**90**-9 9,-

Maier-Leibnitz, Heinz
Der geteilte Plato
Ein Atomphysiker zum Streit
um den Fortschritt
ISBN 3-7201-5**138**-7 14,-

Maier-Leibnitz, Heinz
Lernschock Tschernobyl
ISBN 3-7201-5**191**-3 14,-

Mayrhofer, Franz
Warum sind alle unzufrieden?
Massenmensch und Gleichgewicht
ISBN 3-7201-5**130**-1 12,-

Wulffen, Barbara von
Lichtwende
Vorsorglicher Nachruf auf die Natur
ISBN 3-7201-5**178**-6 14,-

Die Reihe wird fortgesetzt. Fordern Sie Informationsmaterial an.

Verlag A. Fromm, Postfach 19 48, D—4500 Osnabrück
Edition Interfrom, Postfach 50 05, CH—8022 Zürich